野村ノート

野村克也

小学館

平成4年10月10日の阪神戦、ヤクルトが14年ぶりのリーグ優勝を決める。ヤクルト監督就任3年目、大型補強もなく、独自の野球理論に基づいて、既存の戦力を鍛えあげての栄冠だった。

テスト生で入団したが、1年でクビを宣告される。
粘りに粘って翌年の契約を勝ち取り、レギュラーに。
表情にあどけなさが残る。

母親が女手ひとつで家計を支えていたため、よく近所に預けられた。
（前列左、右は兄。後列は近所の人）

史上初の3000試合出場を達成し、
ファンの声援に応える。
「生涯一捕手」は代名詞になった。

昭和41年の日本シリーズで。この年、打率3割1分2厘、
本塁打34、打点97で、パ・リーグのMVPに輝く。

解説者を経て、ヤクルト監督に就任。
万年Bクラスチームの再建を託される。

"扇の要"となる捕手の古田は、常にそばに座らせて、捕手教育を行った。

ヤクルトの黄金時代をつくったメンバーのひとり池山には確実性の高い打撃を説いた。

平成4年のリーグ優勝に続き、平成5年にはシリーズも制して日本一に。池山(前列左から5人目)、石井一（後列左から5人目）、広沢（後列左から7人目）などに野村イズムを浸透させた。

息子・克則とは、ヤクルトで3年、阪神で2年の合計5年間を監督・選手として過ごした。

平成10年最終戦後の退団セレモニーで、池山から花束を贈られ、笑みがこぼれる。

阪神監督時代は、新庄に投手の練習をさせるなどして、話題を呼んだ。

ヤクルト退団後、電撃的に阪神の監督に就任。3年契約で再建を任されたが…。

平成14年から社会人シダックスの監督に。平成15年には都市対抗野球で準優勝。

各界の著名人1500人が集まった古稀の記念パーティーで沙知代夫人と。

野村ノート

野村克也

はじめに

つい最近、ヤクルトの二軍グラウンドで練習をする機会があり、ロッカーに立ち寄ったところ、次のような言葉が書かれた紙が貼ってあった。

「おかげさまで」
夏がくると冬がいいという、冬になると夏がいいという
太ると痩せたいという、痩せると太りたいという
忙しいと閑《ひま》になりたいという、閑になると忙しいほうがいいという
自分に都合のいい人は善い人だと誉め、自分に都合が悪くなると悪い人だと貶《けな》す
借りた傘も雨があがれば邪魔になる
金をもてば古びた女房が邪魔になる、世帯をもてば親さえも邪魔になる
衣食住は昔に比べりゃ天国だが、
上を見て不平不満に明け暮れ、隣を見ては愚痴《ぐち》ばかり
どうして自分を見つめないか、静かに考えてみるがいい
いったい自分とは何なのか

親のおかげ、先生のおかげ、世間様のおかげの塊《かたまり》が自分ではないのかつまらぬ自我妄執《じがもうしゅう》を捨てて、得手勝手を慎んだら世の中はきっと明るくなるだろうおれがおれがを捨てて、おかげさまでおかげさまでと暮らしたい
ある社会活動家の言葉だそうだが、これを見てはっと思い当たることがあった。監督としてこれまで23年間選手の育成にかかわってきたが、いまの選手にもっとも欠けているものは何か、それは「感謝の心」にほかならないと気づいたのだ。

つい最近、家族で応援しているボクサーの亀田興毅選手の東洋太平洋フライ級タイトルマッチを観戦した。相手をノックアウトしてチャンピオンベルトを手にすると、彼はこんな言葉を口にした。

「このベルトじゃおやじは喜べへんから。世界獲っておやじに渡したいな」

さすが10代で世界を狙おうというだけあって、心構えが違うと思わずうなってしまった。われわれの時代はそれが当然だったが、親に楽をさせたいという思いが一流と呼ばれる人たちの原動力だった。逆にいえば、一流と呼ばれる人間で親を大切にしない者はいなかった。親孝行とはすなわち感謝の心である。この感謝こそが人間が成長していくうえでもっとも大切なものである、というのが私の持論である。そして、そうした成長の集大成がチームとしての発展につながっていく。

よい監督とは、もちろんそれなりの結果が伴うことを必要とされる。勝負の世界であるから結果至上主義なのは当然だが、いい結果を出したいからこそ、まずは選手たちの「人づくり」に励むのである。

私は監督をやっていくうえで、次の5原則に従って職務を遂行してきた。

①「人生」と「仕事」は常に連動しているということを自覚せよ（仕事を通じて人間形成、人格形成をしていくということ）。

②人生論が確立されていないかぎりいい仕事はできないということを肝に銘じておくこと。人間はなぜ生まれてくるのか。それは「生きるため」と「存在するため」である。すなわち価値観と存在感である。その人の価値や存在感は他人が決めるものだ。従って、他人の評価こそが正しいということになる。〝評価に始まって評価に終わる〟といわれる所以である。

③野球をやるうえで重要なのは、「目」（目のつけどころが大事だ）、「頭」（考えろ、工夫しろ）、「感性」（感じる力を養え。それには負けじ魂や貪欲《どんよく》な向上心やハングリー精神がポイントとなる）の3つである。

④技術的能力の発揮には次の3点、「コツ」（投げる、打つ、守る、走るときのコツ（感覚）を覚える）、「ツボ」（相手チームの得意な形、相手バッテリーの配球の傾向、マークする

選手、打席でのマークする球種、相手打者の攻略法、クセ探しなどのツボを押さえておくこと）、「注意点」（相手のなかでマークする選手、投手は相手の得意なコースや球種は絶対に投げない、理想のフォームを崩さないための〝意識付け〟をしておくこと。性格面もそうであるように無意識だとどうしても欠点が出てしまう）が重要となる。
⑤無形の力をつけよ。技量だけでは勝てない。形に出ない力を身につけることは極めて重要である。情報収集と活用、観察力、分析力、判断力、決断力、先見力、ひらめき、鋭い勘等々である。

以上のことを実行するためには、当然猛練習でもって基礎体力づくりや技術力のレベルアップに励み、気力が充実していることが前提にあることはいうまでもない。
だから、プロフェッショナルとは「当たり前の事を当たり前にやる」ということになる。

阪神時代に私が記した『ノムラの考へ』がプロの一部の選手たちの間でコピーされて読まれていると聞いた。本書はその『ノムラの考へ』をベースに、今年古稀を迎えた私が野球界にかかわった50年以上の歳月をかけて学んできた、監督としてのあり方、あるいはその原則をあらためてまとめたものである。

ブックデザイン●泉沢光雄
カバー写真●政川慎治

1

意識改革で組織は変わる

教育こそ監督に求められる第一の使命

監督に求められるもっとも重要な要素とは何か。これは、私がプロで20年間監督をやったうえでもなおはっきりとした答えが得られない永遠のテーマである。

だが納得いく結論はなくとも、私は監督という職務に対して基本理念をもっている。原理原則を見据えて実践指導していくということだ。

原理原則。野球界にかかわらず、どの世界でもそれが仕事をするうえでの礎となる。では原理原則とは何か。それは、〝偉大なる常識〟であり、「知機心自閑」（＝機（原理原則）を知れば心自ら閑《しずか》なり）である。〝偉大なる常識〟を完全に消化し実践することは口でいうほど簡単ではないが、これを押さえておけば、人生のなかでいかなる事件に出くわしても、それに振り回されることがなく心は常に閑かなはずだ。

ところが、本来はこうした原理原則にのっとった指導、チームづくり、采配《さいはい》が評価されるべきはずが、結果だけで判断されてしまうことが少なくない。監督の仕事内容として、試合での采配、戦術だけが突出して見られてしまい、原理原則など無視しようが軽視しようが、結果だけを見て「あの監督は能力がある」、あるいは名将だ、名監督だといわれるものである。

優勝すれば、その内容にかかわらず、すぐに監督が脚光を浴びる。私も選ばれたことがあるが、週刊誌や経済誌などが行う「理想の上司」というアンケートでも、プロ野球でその年に優勝した監督が選ばれることが多い。

また優勝できなくても、イチロー（シアトル・マリナーズ）や松井稼頭央（ニューヨーク・メッツ）、今年でいえば西武のおかわり君（中村剛也《たけや》）のようなドラフトの中位、下位で入ってきた選手を起用し、その選手がブレークすると、「あの監督は若手を育てるのがうまい」「見る目がある」という評価となる。

もちろん戦いである以上、結果を求められているわけだから、ある面、結果至上主義であっても構わない。だが監督の評価とはこの程度のものだろうか。

プロ野球はセ・パ各6球団で争っている。各チームが同じような戦力であるならば、確率的にはどのチームも6年に1回は優勝してもおかしくない。しかし現実には、連覇するチームもあれば、何年も優勝しないチームもある。圧倒的な戦力をもって連覇をするのはある意味当然かもしれないが、V9時代の巨人や80年代後半から90年代にかけての西武を除いて、何年も連覇するチームはない。

それというのも、野球という競技はあらゆるスポーツのなかでもとりわけ多くの不確定要素を含んでいるからだ。

たとえば、けが。これはどの競技にもあることだが、エースがひとり故障しただけでそのチームの戦力は大きくダウンする。またひとつひとつのプレーのなかでミスが出たり、あるいは不運な当たりがあったりするだけで流れは一気に傾いてしまう。

勢いやムード。本来こうした士気高揚もまた指揮官に求められる大切な使命であるが、こういったものを結集することができれば、それほどチーム力が備わっていなくても1年ぐらいなら一気にペナントレースを突っ走ってしまう可能性もある。日本シリーズ、あるいは平成16(04)年からパ・リーグが導入したプレーオフ制度など、短期決戦ではその可能性がさらに高まっていく。勢いやムードだけでも1年ぐらいなら、あるいは極端な言い方をすれば、それがあれば監督が何をしなくても優勝できてしまうのだ。

また最近の監督によく見られるが、選手を叱《しか》ることなく、うまくおだてて自由気ままに気持ちよくプレーさせる、それでも優勝できてしまう。

だが何もしなくて、あるいは選手をおだてて好き勝手にプレーさせておいて翌年もまた優勝争いができるかといえば、決してそんなことはない。まして戦力が劣るチームが優勝することなどおぼつかない。

負けが続けばチーム内に不協和音が生じ、その矛先は監督に向けられる。意味不明な、判断基準がわからない采配や根拠のない選手起用に選手はやる気を失い、こうした不満がマスコミや外部に漏れ、また新聞・雑誌がおもしろおかしく囃《はや》し立てることで士気が下がり、チーム力は低下していく。

選手自身も試合のなかで判断を迫られるシーンに何度も当たるものだが、監督から何も教えられていなければ、結果的に失敗する確率の高いプレーを選択をし、悪い結果となる。投手は「え〜いっ」と開き直って真ん中に投じ、相手打者がジャストミートしたのに野手の正面を突いた。こうした幸運が毎回続くかといえば、もちろんありえない。

不確定要素の多いスポーツにあって、常に安定した成績を残すためには、やはり原理原則に基づいた実践指導が何よりも大切となる。だからこそ監督には選手の意識を変える、教育という大きな仕事が求められるのである。

心が変われば人生が変わる

私が心打たれた言葉がある。

心が変われば態度が変わる。
態度が変われば行動が変わる。
行動が変われば習慣が変わる。
習慣が変われば人格が変わる。

人格が変われば運命が変わる。
運命が変われば人生が変わる。

東北のある住職が最初の2行を、「考え方が変われば行動が変わる」とアレンジしているが、もとはインドのヒンズー教の教えから引用したものである。

まさにそのとおりだと思った。意識が変わることで野球観が変わり、その選手のプレーが変わる。そして選手が高く評価され、チームが優勝したり、あるいはタイトルや記録を手にすることで選手の運命が変わる。運命と人生は同じような意味ではあるが、野球に当てはめるのであれば、選手としての価値（運命）が、引退後の人生まで変えてしまう。

昔読んだ五木寛之さんの本にも、「思考が人生を決定する」という言葉があった。選手が野球という競技を通じてさまざまなことを考える。これが選手のプレーの質を高め、成績を上げ、チームとして正しい方向に進むことにつながるのであれば、監督の仕事とは、選手たちに考え方のエキスをどう増やすかがその大半を占めるといっても過言ではない。

ただそうはいっても、これまで本能でプレーしてきた選手に突然、「もっと考えてやりなさい」といっても、選手は何をどう考えてやればいいのか迷ってしまう。

そこで常日頃のミーティングが大事になる。シーズン中の日々の試合前に行うミーティングも大事だが、そこでは当日の相手チーム、投手、打者をどうやって攻略すればいいか、封じればいいかということに時間を割かなくてはならない。従って私はミーティングを、われわれ指導者が選手に接することが許されるキャンプ初日から徹底的に行ってきた。

なぜミーティングをキャンプからやるべきか。それはシーズン中と異なり、キャンプでは相手チームなどを想定することなく、人間学や社会学、それに組織学をたっぷりと時間をかけて勉強できるからだ。その基本は「考えないより考えたほうがいい」「知らないより知っているほうがいい」程度のもの。そのあたりからゆっくり選手の意識を変えていけばいい。

平成2（'90）年にヤクルトの監督になったとき、ユマキャンプ初日からこのミーティングを、休日前夜を除いて毎晩2～3時間かけて行った。それというのも、考え方が取り組み方になるのだから、しっかりした考え方を身につけ、正しい方向に歩んでもらいたいと思ったからである。

野球選手は野球博士であるべき

ヤクルトの監督に就任する前、私は9年間テレビや新聞の評論家を務めた。振り返れば、この9年間が監督・野村克也をつくる基礎となった。

評論や講演活動をすることで、みんなが私に何を求めるか。立派な社会人であるということもだが、やはり野球のプロであるということだ。

そこでヤクルトの監督に就任すると、「プロ野球選手は野球博士になるべきだ」といって、ルールから勉強させた。審判を呼んでルールテストをさせたこともある。ほとんどの選手が合格点に程遠い内容だったり、まったく知らないルールもあった。

多くの選手が体験したことがあると思うが、シーズンオフに呼ばれた野球教室やパーティーの席上でふだんはあまり考えたことのない質問をされ、はっとすることがある。

「えっ、どうだったかな」とすぐに答えられない。

一般の人たちがわれわれに接してくるとき、野球のことならプロの人に聞けば何でも知ってると思っている。とんでもない。実際は答えられないことが山ほどある。

私が港東シニアというシニア・リトルリーグのチームをもち、監督として指導していたときのことである。相手チームが一死三塁でスクイズをやってきたのだが、打者はバッターボックスから出てバントを試みた。審判はアウトを宣告した。

私は打者がアウトだと思ったら、審判は三塁走者がアウトだという。子供の野球だから審判はプロではない、だから間違えているのかと思って念のために聞きにいったら、「ランナーがアウトです」と断言する。その審判は「野村さんはプロで長いことやられたでしょうけど、これだけは私は自信があります。間違いありません」と胸を張っていた。

その夜、たまたまサンケイスポーツの仕事があったので、東京ドームの審判員室まで出向き、確認してみた。「今日こういうことがあったんですけど、正解ですか？」と。すると、「正解です」との答えが返ってきた。後日、ルールブックを見るとそのとおりだった。

結局、2か所で恥をかいたことになる。

プロフェッショナルなのだから、野球の専門家になるべきである。技術論だけではだめ。ルールも知っていなければいけない。時には知っていることが、トリックプレーにつながる。たとえば一死満塁でスクイズをする。一塁方向へフライが上がってしまった。三塁走者はもちろん、一塁走者も大きく飛び出している。フライを捕った一塁手が三塁に投げれば、それで併殺が成立し万事休すなのだが、なかにはゆっくりファーストベースを踏んで併殺を完成させようとする一塁手もいる。そんなとき、三塁走者は帰塁することなく、飛び出したまま一気にホームまで駆け抜けてしまうことだ。そうすると、ルールでは1点が認められる。

こんな例もある。無死または一死一塁で、送りバントが小フライになった。この場合一塁ランナーは身動きできない。それを察知して処理にあたった投手あるいは野手がショートバウンドで捕り、一塁に送球する。このとき一塁手はベースを踏まず、先に走者にタッチしてからベースを踏んでダブルプレーを完成させる。逆に一塁ランナーはどうすることもできないから、一塁ベースを踏んだまま相手の出方を見るしかないのである。

めったに起こるプレーではないが、少なくともルールを知っていなければ、その場面でとっさに機転が利くことはないだろう。

選手に優位感をもたせる

ヤクルト1年目に、「弱者の戦法」のひとつとしてやったことに、トリックプレーがある。年に1度使うか使わないかぐらいの策をキャンプで時間をかけて練習した。

なかには、たとえ失敗したとしても後々効果があるプレーもある。

たとえば走者一、三塁で打者が下位打線、ダメ押し点が欲しい場面でのギャンブルダブルスティール（ちなみにこれは、私が命名したものである）。

本来一、三塁での重盗では、一塁走者はおとりである。まず捕手に二塁へ投げさせることから始まるのだが、セオリーは捕手の送球が投手の頭の上を越え、「投手が捕らない」「高い」と判断したら、三塁走者がスタートする。ただこれでは二塁ベースカバーに入った二塁手、遊撃手から本塁に転送され、9割方アウトとなる。

そこで私は三塁走者に、送球が投手の頭上を越えたときではなく、捕手の手からボールが離れた瞬間にスタートを切りなさいと指示した。「指から離れたら、即ゴー！」と。

もし投手が送球をカットし本塁に送球してしまえば、三塁走者は刺されてしまう。だからギャンブルなのである。この場合、捕手が二塁へ送球するかしないかの「読み」が重要で、もっとよいのは捕手の出すサインの解読ができればいうことはなしである。

もう少し厳密にいえば、三塁走者は通常三塁線の外でリードをとっているのだが、捕手が捕ったと同時にラインの内側へ入る。外側にいると三塁手との位置関係で、捕手が横目で三塁走者を見たとき、走者がどれぐらいリードしているかわかってしまう。「あっ、ホームに突っ込んでくるな」と捕手に悟られる可能性があるが、内側に入って三塁手と重なることで距離感がなくなるのだ。

捕手が二塁に送り、あわてて本塁に転送するものの間に合わずに1点が入れば儲《もう》けもの。間一髪アウトになったとしても、相手に「このケースでヤクルトはギャンブルをかけてくる」という印象を与えることができるのだ。シーズン初めにこうしたプレーをやっておくと効果は絶大で、その1年間は一、三塁のケースで一塁走者の二盗が非常にやりやすくなった。

こういった作戦の効力は相手チームだけに与えるものではない。相手以上に味方選手に効果を発揮する。

「うちは他のチームより進んだ野球をやっている」という思いを生じさせ、さらにデータをもとに具体的な攻略法を授けると、「それならおれにもできそうだ」という気にさせることができる。選手の監督に対する尊敬と信頼が芽生え、他チームに対しては優越感や優位感のようなものが生じる。これがチームにとって大きな効果を生み、戦力となる。

弱いチームには特にそういう優位感をもたせることが必要だ。なにせ選手も自分たちは弱いと思っており、たとえば巨人のような豊富な資金で有望選手を次々と獲得しているチームと対戦すると、劣等感で勝負をする前にびびってしまう。

ところが優位感をもたせると、選手が変わってくる。まずヤジが違ってきて、相手がちょっと奇策めいたことをしても、「そんなの古い、古い」という声がどこからか出てくる。これは相手を見降ろしている証拠で、こうして選手の意識はおのずといいムードに変わっていく。

逆に相手は「ヤクルトは何をやってくるかわからない」とおどおどし始めて、こちらが何もしなくても、過剰な警戒心から集中力を失い、ミスを犯す。スクイズやエンドラン、あるいは盗塁を警戒したあげく結局四球を出すなどが、その代表例だ。他にも足の速い走者が塁に出て、走るぞ走るぞと見せかけることで、走られたくないバッテリー心理から甘い直球を投じさせるなどの現象が生じる。


戦いには4つの要素があるという。「戦力」「士気」「変化」「心理」。

そのなかでも士気、すなわちムードは非常に大事である。

このムードというのはほとんどが心理に基づいている。味方の士気を高揚させ、ベンチに勢いをつける——監督は選手を見ているが、選手だって監督を見ている。監督が出すひとつひとつの策がいかに大事かということになる。

バントのサインひとつにしても大きな影響を及ぼすことがある。

投手がストライクを取るのに四苦八苦して四球を出した。次打者が「とてもストライクが入りそうにない」という気配を感じている場面でバントのサインを出したりすると、「えっ、ここでバントかよ」と選手は戸惑ってしまう。それだけで打者はもちろん、ベンチの味方選手、そしてサインに従って送りバントをした瞬間、今度は相手選手までがその監督の評価を下げ始める。

選手に優位感をもたせることも監督の仕事のひとつであり、一度、選手に植えつけることができれば、それは長くチームの財産になる。またその積み重ねが信頼関係を育むことになるのはいうまでもない。

大きな補強もせず、かつ石井一久（ニューヨーク・メッツ）や高津臣吾（前シカゴ・ホワイトソックス）、吉井理人（オリックス）、稲葉篤紀（日本ハム）などがＦＡで流出しているヤクルトが、それでも毎年５割以上の成績を残し、優勝争いに絡んでくる。その理由は何かといえば、古田敦也、宮本慎也、土橋勝征、真中満らがもつ「ヤクルトの野球は他チームより進んでいる」という優位感にほかならない。

広沢に教えられた「ギャンブル」の必要性

同じく私が取り入れた作戦に、ギャンブルスタートというのがある。

私がヤクルトの監督になった当初は、盗塁というのは投手が打者に向かって投げる際、セットポジションから最初に動く個所（右投手の場合の左肩、左足、または首など）を見つけたり、タイミングを計って走者はスタートを切っていた。

ところが、これでは左投手相手では間に合わない。また右投手にしても、クイック投法など年々盗塁を阻止する投球法が上達している。普通にスタートを切っていたのでは、始動してから捕手が捕球するまでが１・１秒以内という投手相手ではまず成功しない。

そこで私はスコアラーに、「何球まで牽制球《けんせいきゅう》が続くのか、投手別にデータを取ってほしい」と命じた。「Aという投手は1球しかしない」「Bは2球まで」「Cはけっこう続くが、それでも4球以上はない」など各投手の特徴が出た。

投手というのはいくら走者を警戒していても、観客や相手ベンチの「早く打者に投げろ」という視線を感じて、そう何度も牽制できるものではない。

そこで3球までしか続かない投手なら、3球牽制したら4球目は始動の直前にゴー。牽制してくれれば当然挟まれてしまう。まさにギャンブルではあるが、データの裏付けのある確率の高いギャンブルであった。

またこの盗塁によって、相手バッテリーはあまりの好スタートに「何か投手のクセでも盗まれているのではないか」とパニックになる。それも、同じチームと年間に28試合（交流戦が行われた今季セ・リーグは22試合）も戦うペナントレースでは大きな効果である。

こうした「ギャンブル」の必要性を認識するきっかけとなったのは広沢克己だった。

ヤクルトで最初に優勝した平成4(92)年、西武との日本シリーズでのことだ。3勝3敗のタイで迎えた第7戦、同点で終盤に入った。7回一死満塁で打者は第1戦にサヨナラ満塁ホームランを打っている杉浦亨。相手投手は当時の西武のエース、石井丈裕だった。カウント1-3となった。90%以上、ストレートが来る。そう読んだとおり、ストレートが来た。杉浦も「来た!」と思ったはずだ。「第1戦に続く満塁ホームラン」、その欲で一瞬早くボールから目が離れ、ボールの上っ面を叩いてしまった。

打球は一、二塁間へ。バックホームが間に合うゴロではない。だがそれを名手・辻発彦二塁手が、左から一回転して本塁に投げた。「よーし、儲けた。フィルダースチョイス(野選)だ」と思った。

ところが広沢はまだホームベースの手前にいて、スライディングしたがフォースアウト。目を疑った。結局この回は0点に終わったのだが、ベンチに帰ってきた広沢に「何してたんだ」と質《ただ》すと、「ライナーに気をつけてました」という。

広沢は見た目は鈍足だが、実際はそんなに足は遅くない。確かにスタートとか反射神経は今ひとつだが、走り出したら速いほう。ただあのケースは足がどうのこうのいう問題ではない。完全な判断ミス、というか、私が徹底していなかったのがいけなかった。

セオリーは「ライナーを気をつけながら、打球が転がったのを確認してゴー」である。ただ無死一、三塁や一死三塁など、走者が突っ込むかやめるかの選択をしなくてはならない場面で選手に一瞬の判断を課すのは厳しい。

そこでそれからは、1点勝負の展開になると必ずサインを出した。バットとボールが当たるところを一生懸命見ていて、当たった瞬間に三塁走者にスタートを切らせるのだ。もしライナーだったら併殺でしかたない。ただギャンブルスタートなら、たとえ野手の正面を突くゴロでもホームインできるケースもある。一死三塁、打者が8番土橋、すなわち次打者が投手という場面でよくこの手を使った。

さらにこれをヒントに、「どうも犠飛が打てそうもない」と直感したら、三塁走者と打者でヒットエンドランの奇策もあみ出すことになった。

最初の日本シリーズ、絶対に不利といわれた西武相手に第7戦の延長戦までいきながら惜しくも敗れた。敗れた瞬間は「広沢への指示を徹底しておけばなぁ」となかなか諦《あきら》めきれなかったものだが、その後、欲しいと思ったときに簡単に点が入るようになったことを考えれば、失うものも大きかったが得るものも大きい一戦だった。

戦いは「試合」だと強いほうが勝つが、「勝負」だとギャンブル性ゆえに弱者でも勝てる要素があるのだ。

「人として生きる」を教え込む

勝負というのは、終わってみれば何らかの差で勝ち負けが生じるのである。なかでもいちばんやっかいなのは、戦力の差で負けるということ。私が平成13（01）年まで3年間監督を務めたときの阪神がそうだったし、今でいえば楽天がそう。これはもうどうにもならない。

奇襲戦法、あるいは選手の教育だのいろいろやってみて、その時々で成果は出るのだが、年間140試合前後を行う長期戦ではすぐに元の力の差どおりの順位に戻ってしまう。しかし勝敗の差が「ムードや勢い」「変化への対応」「心理に基づいた読み」といった分野であれば、次につながっていく。

チームは2年3年のビジョンで考えれば、少しずつでも変わることはできる。

そこで大事になるのは、人間はみな人生を生き抜くという使命をもって存在しているということを選手に説き、その使命感を選手ひとりひとりに認識させることである。だからこそいやが応にも、人生を教えなくてはならないのだ。

人生という2文字から私は次の4つの言葉を連想する。

「人として生まれる」（運命）

「人として生きる」（責任と使命）

「人を生かす」（仕事、チーム力）
「人を生む」（繁栄、育成、継続）

監督においては3番目の「人を生かす」が求められる。「人を生かす」プレーが選手を伸ばし、そしてチームの力となる。選手それぞれを動かすことで、他の選手が活《い》きる。強いチームになるにはこうした相乗効果が不可欠である。

さらにチームをつくりあげるうえでは2つ目の「人として生きる」を選手に徹底して教え込まなくてはいけない。

人間とは人の間と書くが、そもそも人と人の間にいるのが人間であり、そのためにはいかに人間関係を円滑に生きていくかということが、人生では大きな比重を占める。

ところが職人気質が多いプロ野球選手は、この点がたいへん無頓着《むとんちゃく》である。自分ひとりでうまくなった、自分で勝てたとすぐ錯覚するが、人は全然そう思ってくれていないということが往々にしてある。謙虚さ、素直さが要求されるのはそのためだ。

自分が思うほど人は思っていないということをどうやって選手にわからせるか。評価は人が下した評価こそが正しいのだ。

ただ若いときから野球一筋の人生を送ってきたプロ野球選手は、ある意味たいへん純粋だから、こういう話をするとなるほどと思って聞いてくれる。そこで、人生観とか人間学とか、社会学、組織学、そういったものをひととおり、知っていたほうがいいと話していく。

ミーティングの最初に、私は挨拶代わりによく「はい、こんばんは。今日も知らないより知っていたほうがいいを始めます」といったものだ。

「考えたことがないのなら1回ぐらい考えておけ。それでも罰は当たらんぞ」

そんな言葉もよく口にした。結局、そういう〝考える〟という行為が選手にとってエキスになっていくのだ。

よく「おまえ成長したな」と何気なしにいわれることがある。ところが何を根拠に「成長した」なのか考えてみると、自分の間違いに気がついて正しているからなのだ。また一方で、「判断基準のレベルアップ」をしてこそ成長なのである。

「仕事」と「人生」は切っても切り離せない関係にある。「人生とは幸福への努力である」(トルストイ)といいきっているように、仕事を通じて成長と進歩があり、人生と直結しているのだ。

私は残り少ない人生を、人間とは、人生とは、という問いにこだわり続けて生きたい。

2

管理、指導は経験がベースとなる

技術だけでは限界がある

たとえば投手が投げるフォークを打つには、あるいはボールゾーンに落ちるフォークに手を出すことなくバットを止めるにはどうすればいいか。多くの打者が技術を磨けば、なんとかなると思っている。

一生懸命練習すれば、それで技術は伸びる。今のコーチの指導もほとんどが技術の指導である。

しかし技術だけでは限界がある。私自身、プロ入りして7、8年たったころにそのことがわかった。

プロのレベルであるならば、100%フォークが来るとわかっていれば、たいていは対応することができる。ボールゾーンに落ちるのであれば見逃せるし、ストライクゾーンに落ちてくれれば、速球よりも球威のない半速球でしかないのだからバットに当てるのは容易である。

ところがほとんどの打者が内角への速い球に対して警戒心、あるいは苦手意識があり、追い込まれるとどうしても内角球をマークする度合いが強くなる。

しかも日本人の多くの打者は見逃し三振をしたくないために、追い込まれるまでは変化球にヤマを張っていても、ツーストライクを取られるとA型（35ページ参照。直球に重点を置きながら、変化球にも対応しようとするタイプ）に変わる。

なかにはイチローのように「変化球をマークしながら直球についていく」という天才的な打者もいるが、ほとんどの打者は、それでは変化球という遅い球をイメージするから直球が来たときに手が出なくなる。逆に速い球をマークしていれば、変化球が来てもファウルで逃げることができる（もちろんいいコースに決まったり、キレのいい変化球ではファウルにするのも困難ではあるが）。

ただフォークという球種がやっかいなのは、それでは対応できない特殊球（私はマークしないと打つことが困難な球種を特殊球と呼んでいる）だからだ。腕の振りはもちろん、スライダーやカーブと違って球の軌道も直球と同じ。打者は「真っ直ぐだ」と思ってついバットが出てしまう。ホームベースの手前で球が急に降下しワンバウンドする。「しまった！」と思ったときはもうバットは回りきってしまっている。

ではどうすればいいのか。

①目を大きく開いてミートするまでしっかり見るという意識を徹底する。
②力をうんと抜いて備え、目線を高めのストライクゾーンに置く。
③内角速球のマーク度を軽くして、素直にピッチャー返しのバッティングを心がける。
④フォークは指で挟んで投げるため、多くの投手がクセとなって出やすくなるので、その

クセを探す（コーチャーズボックスからもクセ探しに協力することだ）。

⑤どうしても対応が困難な打者は、勝負心を発揮して配球を読む（投手から目を離さず、状況に合わせてボールカウントによる配球の傾向を、データをもとに観察することだ）。

なかでも③の、内角へ攻めてこさせないよう日頃から駆け引きや演技力などを使って努力するのがよい。「内角に強いなあ」「内角をうまく打つなあ」「常に内角に気持ちがあるなあ」などと相手に強い印象をもたせると、こちらのペースにもっていきやすくなる。

バッティングにおいて、内角の苦手意識やマーク度が高くなると、大事な「壁」を崩す原因となる。逆に相手に「内角はめっぽう強い」「ホームランゾーンが内角にある」など恐怖感を植えつけることができれば、自分にとって好都合になる。

そんな経験から、私が自信をもっていいきれる持論が生まれた。

「打者は内角球を打ちこなせないとプロでは飯《めし》は食えない」である。

内角球への弱点や苦手意識をなくすためには、とにかく創意工夫をすることだ。技術でどうにもできないときは、心理戦で優位感がもてるようにデータチェックやクセの発見などで作戦を立てることである。

打者のタイプは4つに分けられる

先ほど、真っ直ぐに重点を置きながら、変化球にも対応しようとする打者をA型と呼んだが、実際はほとんどの選手が自分はどういうタイプなのか、どうやって打席に立っているかなどわかっていない。

勝負の世界で実力が違いすぎる、つまり実力の差で勝負が決まるのだけはどうしようもないと話したが、野球というスポーツは4対6、時には3対7ぐらいの戦力差が生じても弱者は十分勝負になる。

サッカーやバスケット、アメリカンフットボールなど数多くのプロスポーツと比較しても、勝率5割台で優勝チームが決まるのは野球ぐらいである。しかも年間140試合前後、メジャーでは162試合という長丁場を戦いながら、最後は1勝差、時に優勝決定戦のようなデッドヒートが生じることもある。

ヤンキースや巨人のように、毎年莫大《ばくだい》な資金で補強しても優勝できるとはかぎらない。強い者が必ず勝つとはかぎらないのが野球である。

ならば4対6、あるいは3対7ほどの戦力差がある弱者が強者に勝つにはどうしたらいいか。それは野球というスポーツの性質をよく理解し、その特性にのっとって相手の心理を探り、対策、戦略を練る──ひと言でいえば、考えて戦うことだ。

たとえば打者について。すべての打者が共通してもっているテーマとして、私は3つあると思っている。

①変化球への対応の仕方
②内角への苦手意識の克服
③特殊球への対応策

①は変化球をどうさばくかということだ。プロの一軍レベルであるならば、変化球が来るとわかっていたらどうにでもできる。だが150キロ台の速球と110キロ以下の緩いカーブといった緩急の組み合わせでは、変化球の対応が実に難しくなる。また、ゆっくりしたフォームからピュッとキレのいい球が来る投手や逆に中日・山本昌のように一見、豪速球投手のようなフォームなのに来る球は技巧派（＝タイミングがつかめない）という投手の場合、そうした〝変化〟のために、ふだんの打撃練習では簡単に打ち返している変化球がやっかいになる。
②の内角苦手意識は、いわば打者全員がもつ共通の観念だ。内角に来るんじゃないかと、内角を攻められる恐怖心や内角への苦手意識があると、結果的に相手に弱点を知らせて攻め

やすくしてしまう。

また内角に苦手意識があると、打撃フォームのいわゆる「壁」を崩してしまう。「内角に来るのでは」という警戒心から体が開いてしまうのだ。

③は②と連動するが、変化球でも特殊な変化球、フォークボールやチェンジアップなど、意識しなければ対応できない特殊球にどう臨むかということだ。②の意識が過剰だと、特殊球も真っ直ぐと同じ意識で対応してしまうため、ボールになる球でも手が出てしまう。

こうした3つのテーマから生じる打者のタイプを、私はA、B、C、Dと4つに分けた。

A型＝直球に重点を置きながら、変化球にも対応しようとする。

B型＝内角か外角、打つコースを決める。

C型＝右翼方向か左翼方向か、打つ方向を決める。

D型＝球種にヤマを張る（このタイプは根拠を見つける努力をするとよい）。

この4つのタイプはあくまで基本的なもので、いい換えればこの4つの型を、相手投手や状況で応用すればよいのである。

日本人の場合は多くがA型である。D型で臨んでいても、追い込まれると、「変化球を狙って真っ直ぐが来たら手も足も出ない」「見逃し三振をしたくない」という心理からA型に変わる打者が多い。ただし、A型で常に高い結果を残せるのはイチローや松井秀喜（ニューヨーク・ヤンキース）のような天才タイプだけである。

逆に外国人打者は日本人ほど見逃し三振への恐怖感（監督やコーチに怒られるなど）がないのだろう。追い込まれるまではA型でいて、追い込まれるとフォークやチェンジアップなどその投手のもっとも得意とする球にヤマを張るD型に変わる打者が多い。

B型は強打者が一時的にとることが多い。前の打席で内角球を本塁打にでもしていると、ふだんはA型でいるのに「ここではおれに内角はよう投げてこないな」といい意味でうぬぼれることができる。

また無死二塁、無死一、二塁など走者を進めることが強いられる場面では、右打者はおっつけやすい球（真ん中より外角寄り）、左打者は引っ張りやすい球（真ん中より内角寄り）狙いとおのずとB型に変わる。

C型はいわゆる騙《だま》しである。引っ張ると見せかけて、実は右方向を狙う（左打者の場合は左方向）。引っ張らせたくないと、外寄りの球を投じれば、実はおっつけるつもりだった打者の格好の餌食《えじき》になる。巨人の元木大介が代表例で、古田や阪神の桧山進次郎も場面によってはこのC型を使う。

特に元木というのはやっかいな打者で、ピンチで彼が登場するとバッテリーは彼がどちらの方向を狙っているか頭を悩まされる。

しかも各打者が血液型のように、A型ならいつもA型、D型ならずっとD型と徹底してくれれば楽なのだが、B型になったり、C型だったりと変化する。これを捕手がどう読み取り、ついていくか。捕手に求められる高等技術だ。

いい打者というのは往々にして、基本はA型でも状況や場面、あるいはA型で攻略できない特殊球（フォークやチェンジアップ、内角に切れ込むシュート、あるいは150キロを超える直球もマークしなければ対応できない球として、この場合、特殊球のカテゴリーに組込んでもいい）がある場合はB型、C型、D型を使い分ける。

またC型とD型は、打席に入る前から、「ここは右方向だな」（C型）とか「よし、ここはフォークを狙っていこう」（D型）と決めつけているケースが多いが、B型は打席のなかで、「このカウントでは外角にしか来ないな」など直感的に対応するなど、無意識に近い。この微妙な差を感じ取るために、捕手にはきめの細かい観察力、洞察力が要求される。

打者のタイプなど分類することなく、あるいは打者がこうしたいろいろな心理をもっていることなど考えもせず、漠然と「まず真っ直ぐで入って」「次は外へのスライダーが無難だ」など打者の狙いを外そうとする捕手は、投手にピッチングをさせているだけであり、打者と対戦しているという事実をまったく無視しているに等しい。対戦である以上、打者のタイプを知り、それを基本に点差や走者の状況によって打者がどう変化するのかを読み取ったり、弱点を突く投球をさせるほうが、はるかに楽に打者を打ち取れる。

そういった分類、分析に欠かせないのが当然基準である。

指導者に求められるのは実践力

先日もシダックスの選手に「30歳を過ぎたら、ぼちぼち引退後に備えろ。自分が管理職ならこんなふうに指導するけどなぁという目で過ごせ」と話した。

長く監督をやってわかったことは、選手時代に悩んだり苦労していない、創意工夫していない、頭を使わずにプレーしてきた、そういった選手はコーチをやってもろくな指導ができないということである。

相手ピッチャーを打てない。選手がそういう局面に接したとき、「ちょっと頭をひねって工夫してみろ」といった程度のアドバイスも送れない。

どのコーチも打者への技術指導の内容はさほど変わらない。

「ヘッドが下がっている」

「バットが下から出ている」

「肩が開いている」

「軸足に体重が乗っていない」

「トップの形ができていない」

コーチのアドバイスとはその程度のもの。それでも打てないから打者は困っているのだ。

指導者に求められるのは、選手にどうすれば実践力をつけることができるかということである。

「おれの現役のときは、こういうタイプのピッチャーにはこう対処した。おまえも一度やってみんか」といったアドバイスができるようになるには、やはり選手時代からしっかり考え、悩み、苦しんでおかなければならない。そのなかから方法を見つける。そういうことが将来、指導者になったときに必ず活きる。野球にかぎらず、どんな職業においても、いいものをつくる、いい結果を出すには自分が得た経験がベースとなる。これらは管理職共通のテーマである。

この部下がどうしたら活きるか。そのために、まず適性や適材適所を考える。何事でも自分が経験しておかないと適性などわからないし、当然いい管理職になれない。

もちろん自分の経験を選手に披瀝《ひれき》するだけで、頭ごなしに「だからおまえもやれ！」と怒鳴っても部下はついてこない。若い人には若い人なりの感じ方や感性があり、「おれが若いときは……」とただ漠然と話しても聞く耳をもってはくれない。

フォークにクルクルとバットが回り、簡単に仕留められている打者がいる。必死に練習してなんとか打てるように努力をしているのだが、同じ結果をずっと繰り返している。それでもまだA型でい続ける。こういう打者に「一度でいいから思いきってヤマを張ってフォークを狙ってみろ。一発叩き込んだら、もう相手は怖がっておまえにはフォークが投げづらくなるんだから」と指示を出すのだ。

もっとも最近の若い選手はこの「ヤマを張る」というのを嫌がる。なんかずるいことをするような錯覚に陥るのだろう。何も悪いことはないし、ヤマを張る＝賭けなのだが、子供のときから野球一筋できた選手というのは、純粋で一途な性格の子が多く、正々堂々の勝負がかっこいいと思い込んで野球をしてきただけに、なかなか受け入れてくれない。

そこで私は「ヤマを張れ」ではなく「勝負してみろ」ということにした。そうすると「勝負？　よし、やってみようじゃないか」と乗り気になる。

試合というのは、勝つか負けるかの勝負である。1イニング、1打席、そして1球、すべてが試合の勝負に直結する。

私は今の清原和博（巨人）を見ていて、コーチや監督になったときを心配している。

確かに彼の実績は一流だが、「考えているな」「勝負しているな」「駆け引きしているな」「読んでるな」というのが伝わってこない。本人は「そんなことはないですよ」というかもしれないが、勝負している思いがまわりに伝わってこなければ同じことである。

明らかに相手が清原を怖がっている場面、真っ直ぐなんか絶対来ないというのがミエミエな場面でも、彼はいつもと同じ意識で打席に臨んでいる。結局真っ直ぐを待って、変化球の明らかなボール球に手を出して三振している光景をよく見かける。

この間も、阪神戦でこんなことがあった。7回10対2で阪神リード、二死満塁でピッチャー藤川球児、バッター清原、満塁ホームランでも追いつかないという場面で2－3というカウントになり、藤川は勝負をかけてフォークボール（低目のボール）を投じ、空振り三振に打ち取ってピンチを逃れた。三振した清原は藤川を、「真っ直ぐ投げんかい。チンポコついとんのか」と非難した。

清原にしてみれば、点差もあったし、500本塁打もかかっている。当然真っ直ぐが来るという思いがあったかもしれない。しかし私には、彼が天性、感性だけを頼りに野球をやっているように思えてならない。彼は勝負をしているのではなく、ただバッティングをしているだけなのだ。

私はバッターボックスにバッティングをしにいっている、つまり技術だけで対応しようとした選手には「何考えてるんや」と叱ることもあるが、勝負しにいってその勝負が裏目となったとき、たとえば考えた末に変化球を狙ったのにドーンと真っ直ぐが来て、裏をかかれて手も足も出ないまま見逃し三振をして帰ってきたとしても、その選手を絶対に叱らない。

管理する者は、絶対に結果論で部下を叱ってはいけない。

「勝負したんだろう?」「勝負に負けただけじゃないか」「勝つか負けるかなんだから、そんなことを恥ずかしいと思うな」、そういってなだめる。

もちろん根拠もなく勝負して負けてくるような選手は、「そんなのは勝負とはいわない、ヤマ勘だろう」と叱ることもあるが、しっかりした根拠があれば何もいわない。相手があることだから、結果が出なくてもしかたがない。

見逃しの三振をしたら許さないという監督もいるが、そういう叱り方をするから、打者は見逃し三振をしたくないとマイナス思考になり、〝勝負〟できなくなる。戦いにおいてマイナス思考は一概に悪いことではないが、勝負＝賭けに出ることのない戦い方では、それこそ戦力の差がそのまま結果となり、弱者はいつまでたっても勝つことはできない。

打者に共通の苦手ゾーン

自分自身、長い間キャッチャーをやってきて、もっとも怖かったのがD型、ヤマを張る打者である。

しかも長打力がある打者のヤマ張りにぴたり当てられたら、ホームランを打たれてしまうのだからたまったものではない。逆にA型は意外に処しやすい。ここという場面ではたいてい打ち取れる。

なぜヤマ張りタイプが嫌か。たとえばストレートを見逃した、それも投手が投げた瞬間、

「やばい、真ん中だ。打たれる！」と思った球を打者が何の気もなしに見送ったとき、「ふーっ、よかった」と息をつくのもつかの間、すぐになぜあんな甘い球を見逃したんだろうかと悩まされる。

「変化球を狙っていたのか？」「それとも1球目は様子を見ようと捨てたのか」……。

だから仮に見逃し三振に取ってもうれしいのはその一瞬だけ。ベンチに戻ってすぐに不安にかられる。「いったい何を狙っていたのか？」

次に対戦する打席までそのことが頭から離れない。そしていざその打者に打席が回ってきたとき、前の打席の勝負球（見逃し三振に取った球種）がストレートだったとしたら、この打席もまた変化球を狙われている気がして、変化球のサインが出しづらくなる。

もちろんそういったケースにも対処の仕方はある。

多くの打者には共通する苦手ゾーンがあるからだ。

①外角低めへのストレート（原点）
②低めへの変化球
③特殊球
④内角への快速球や鋭く小さい変化球

①の外角低めのストレート。投手はブルペンでそこにきちんと投げられるように練習している。

私はこの外角低めを「原点」と呼んでいる。そこにどれだけきちんと投げられるか、投手の原点への精度を「原点能力」と呼び、先発バッテリーには最初の1イニング目は何球か原点に投じ、その日の投手の原点能力がどれぐらいなのかを確かめ、それによってその日のピッチングを組み立てなさいと指導している。

また、1－1のカウントから2－1に追い込むと、打者の習性のようなものがあって無意識に内角と外角の変化球をマークするところがある（この場合、右投手対右打者、左投手対左打者という条件となる）。この場合、原点（外角低目）が死角となって、見逃し三振をする打者をよく見かける。

②の低めの変化球。これはゴロゾーンと表現することもある。この低めへの変化球はだいたい引っ掛けて内野ゴロとなる率が高いからだ。

③の特殊球とはフォークやチェンジアップなど、打者が意識しないと対応しづらい球だ。かつての佐々木主浩（横浜）や今では巨人の上原浩治が投げる、コントロールの精度の高いフォークは万人の打者に通用する。彼らのフォークほど精度が高くなくても、いいコースに来れば、打たれる危険度はきわめて低い。

④の内角への快速球や内角攻めは、次の配球につながるという意味ではたいへん効果があ

る。

私は、その打席の最初に投げる内角球は決してストライクゾーンには投げるなとうるさくいっている。ボール球でいい、打者の反応を見て、狙ってくるのかこないのかを見極め、狙ってきてないと読んだら、次は内角のストライクで勝負をする。シュートがあればなお効果的だ。

配球というのは常にワンペアで成り立っている。速球に対し遅球（緩急）、内角に対し外角（内外）。今はどの投手もスライダーを投げるが、このスライダーと対になるのがシュートである。

内角球論

内角球を投げる目的としては以下の点が挙げられる。

①内角球を見せて意識付けをさせ、打者の壁を崩したい（内角球が効果的な打者）。
②内角に投じることで、対となる球種（緩急、内外）を活かしたい。
③内角球をフェアエリアに打ちこなす技術は難しい（ファールを打たせる）。

④打者が内角に弱点をもっている場合。
⑤内角球でゴロを打たせ、併殺を狙う。
⑥右打者が右方向を狙っていると読んだとき。
⑦配球によって内角に死角ができたと読んだとき。

①は打者のもつ習性と大いに関係している。打者は変化球を大きく空振りするのと同じぐらい、バットの根っこで打つことに羞恥心《しゅうちしん》をもっている。これを私は「詰まりの恥辱」と呼んでいるが、守る側としては打者のもつこの本能を利用すれば攻略が楽になる。

1打席目に根っこで打たせたら、その日はもう4打席とも攻略しやすくなる。なにせそれ以降の打席は、打者はもう二度と詰まりたくないと体が開き、壁を崩してくれることが多いからだ。

だから私は捕手には、捕球した瞬間、右打者なら左肩、左打者なら右肩を常に見ておけと指導した。見逃したときに左肩（左打者なら右肩）がどう反応しているかをチェックさせるのだ。

時には壁を崩しにいくために内角球が必要となる。また内角に来ると思わせる、それだけで打者は肩が開く。すると、外に逃げる変化球やフォークボールに対応できなくなるのだ。

だからといって、ただ内角球を投じていればいいというわけではない。打者というのは基本的には内角の真っ直ぐ、特にホームラン打者はホームランできるゾーンをまず待つ。追い込まれると今度は内角真っ直ぐと同じ軌道から外に逃げていく変化球待ちというふうに少し対応を変える。これがだいたいホームラン打者の心理だ。そんなところにすーっと内角真っ直ぐのストライクを投げたら、まさに飛んで火にいるなんとかである。

だから内角球は絶対必要であるが、内角を攻めるということはリスクを背負うということでもある。その点をよく認識したうえで、常に用心しながら投じなくてはならない。

たとえば、打者に対してその打席の最初の内角球はストライクを投げてはならない。理想はボールを1個分か2個分外し、それでキャッチャーが打者を観察し、次の球を決める。その際に非常に効果的なのがシュートという球種であり、打者の恥辱という心理を揺さぶることにも適している。

仮に打者が多少詰まってもいいと思ったとする。その場合、内角直球ならフェアエリアに入れるのはそう難しくないが、数センチでもシュートがかかっていると、打者はフェアエリアに打つのに相当高度な技術を要するのだ。

ヤクルト時代、川崎憲次郎が大成したのはこのシュートを覚えたからだ。

彼は度胸があり、シュートを覚える前から内角にも思いきって投げていた。だが好投していても、一発を浴びて試合を落としてしまう、一気に崩れてしまう、そんな試合が多かった。

そこで彼に話してみた。「内角の真っ直ぐというのは大きな危険が伴うものなんだ。リスクなく内角を攻めるには高度な条件がいる。コース（高低）がいい、球が速い――そこまでできる投手など球界を見渡してもそうはいない。そう思わんか？」と。

そこで「少しずつでいいからシュートを覚えてみろ」とアドバイスした。ただ最初は彼も素直に聞き入れなかった。

その理由は、当時多くの投手がもっていたシュートへの偏見だった。

私が現役時代は誰もが当たり前のように投げていたシュートだが、いつの間にかあまり投げる投手がいなくなった。「シュートを投げたらひじを壊す」、そんな迷信があったからだ。

昔から、野球には迷信が多かった。「プールや海に入ってはいけない」「肩を冷やしてはいけない」「利き腕で重いものをもってはいけない」「筋力トレーニングなんてもってのほかだ」とか。そういう迷信めいたことのひとつがシュートだった。

誰かがひじを壊す。すると「ああ、あれはシュートの投げすぎだ」といわれる。

ヤクルトの監督のとき、評論家になった西本聖がキャンプに視察に来た。彼は「シュートの西本」と呼ばれ、昭和50年代の巨人を江川卓と両輪となって支えていた投手である。

その西本に「シュートを投げたらひじを壊すといわれているけど、きみは信じるか？」と訊《き》いたら、即座に「とんでもないですよ。壊しようがないじゃないですか」という答えが返ってきた。彼曰《いわ》く「ひねってシュートなんか投げませんよ。指先のちょっとした加減だけですよ」と。

そんな話を川崎にして、彼もようやくシュートを覚える気になり、そしてモノにした。いい打者が川崎のシュートにグシャグシャ詰まる。ベンチで川崎の投球を見ていた伊藤智仁や高津らが、古田がベンチに戻ってくると質問攻めにする。

「30センチぐらい変化しているような感じがするんですけど、どれぐらい変化してるんですか？」。古田が「こんなもんだよ」と10センチかぐらいの幅を指で示すと、「そんなもんですか？」と驚く。それからである。ヤクルトの投手陣が次々とシュートを覚えるようになったのは。

最近はツーシーム（縫い目に対する指のかけ方を変えることで、ストレートと同じ腕の振りなのに球がシュート回転する）という球種がメジャーから入ってきて、ひねるという意識はなくなった。それでもまだ投げようとしない投手がいるのは不思議でならない。

シダックスではいまやシュートは必修科目。投手には「真っ直ぐ、スライダー、シュート、チェンジアップないしはフォーク、これだけはマスターしなさい」と指導している。

左投手は特に有効だ。左打者にシュートを使えば、130キロ台の直球とスライダーで打ち取れる。右打者にもシュート回転で落ちるチェンジアップがあれば勝負球として有効になる。

よく「シュート回転したからホームランされた」というコメントを耳にするが、確かにシュートという言葉は近年の野球界ではあまりいいイメージがない。ひじを壊すという誤解も含めて、まるでシュートは悪のようにいわれている。だがそれこそ誤った固定観念でしかない。私はよく「先入観は罪。固定観念は悪」というが、野球界にはこうした固定観念が数多く存在するのもまた事実である。

配球の原点は打者への意識付け

配球のもっとも大事な要素、それは意識付けである。バッターに何かを意識付けする。いちばん簡単なのは球が速いという意識付け。西武の松坂大輔ほど球威やキレがあればいうことはないが、みんながみんな150キロ投げろといっても無理がある。

そこで各投手それぞれが武器となる球種を覚える必要がある。西本でいえばシュート。ヤクルトでいえば、伊藤智はスライダー、高津はシンカー。これらは相手が完全に意識するだけに、他の球すべてが生きてくる。

大魔神と呼ばれた佐々木はフォークが意識付けする球種だったが、あれだけ三振を取って、そのほとんどがフォークかといえば決してそうではない。意外に真っ直ぐのほうが多かったりする。

とにかく打者にはあのフォークが邪魔になる。それでフォークを意識すると、真っ直ぐが外角低めにズドーンとくる。目立たないが、彼は原点能力もたいへん高かった。

　上原も同じことがいえる。直球は１４０キロをわずかに超える程度。佐々木より遅い。だがフォークの精度に加え、彼はスライダーフォーク、シュートフォークと変化させて投げることができる。

　逆に阪神のエースに成長した井川慶は意識付けに欠ける投手といえる。直球の速さ、チェンジアップ、スライダーひとつひとつはそこそこのレベルにあるのだが、ずば抜けた球種がない。しいていえば、チェンジアップが多少打者に意識付ける程度のもの。だから打者はひとつの球種をマークすることなく、比較的A型で処しやすい。

　そういったことから、私は投手には真っ直ぐの他にもうひとつ、確実にストライクを取れる球種をマスターしろとうるさくいう。球種は多ければ多いほどいいが、とりあえずまずひとつ、カウント０－２や１－３、いわゆるバッティングカウントと呼ばれ、打者がミエミエの真っ直ぐを待つカウントで、簡単にストライクが取れるようなコントロールのある変化球を覚えなさい、と。

　そこから先は捕手の仕事である。真っ直ぐとその変化球、構えたところに確実に投げてくれるふたつの球種を使って、打者の心理をどう揺さぶるか。

　たとえば内角にボールでいいからストレートを投げさせて、内角を意識させることで打者の壁を崩し、外角の変化球で打ち取る。

内角と外へ逃げる変化球、その両方をマークされたとしたら、意外に原点（外角低めの真っ直ぐ）が死角となる。

あるいは外に打者の意識が集まっているのなら、意表を突く内角真っ直ぐという手もある。

これには、よほど「打者は絶対に内角に来ないと思っている」という確信が必要だが。

いずれにしてもわずかふたつの球種でも十分打者心理を攪乱《かくらん》できる。

メジャーには「コントロールのないピッチャーはピッチャーとはいえない」という格言があるが、まさにそのとおりである。そしてコントロールのある投手をリードするのは捕手冥《みょう》利《り》に尽きる。

そのために捕手は、ブルペンで常に投手にコントロールを求めて指導していかなくてはならないのだ。

3

指揮官の最初の仕事は戦力分析にある

優勝チームに名捕手あり

ヤクルトの監督になったとき、私の最初の仕事は正捕手づくりだった。昔は、「優勝チームに好投手あり」だったが、今は「優勝チームに名捕手あり」といわれるように、時代は変わった。V9時代の森昌彦（現在は祇晶）しかり、西武の黄金時代には伊東勤という捕手がいた。一昨年にセリーグを制した阪神は矢野輝弘、昨年の中日は谷繁元信と、いずれもベテラン捕手がチームを引っ張った。

昔は一級品といわれる投手が数多くいたが、今の時代、ボールは飛ぶ、球場は狭い。加えて打者はウエイトトレーニングを含めてよく練習し、経験を積むことで攻略の知識ももっている。クセの発見やデータ、配球分析、ビデオの活用、ボールカウントによる配球の傾向でさえ、コンピューターなどを使えば簡単に出る。そんななかで投手が力だけで抑えようとしても無理がある。ピッチャー受難の時代である。その投手を助けるのが捕手の仕事である。

当時のヤクルトの正捕手は秦真司だった。秦という選手は秀でたバッティングセンスがあったのだが、問題はキャッチングと送球だった。投手が投げる直前、ミットを下げるクセがある。捕手特有のタイミングの取り方で、巨人の阿部慎之助やソフトバンクの城島健司、あるいは古田でさえ、大なり小なりミットを下げるクセがあるが、これをやるとワンバウンドなど咄嗟《とっさ》の暴投に反応できず、パスボールが多くなる。

秦の問題点はそれだけではなかったが、秦はすでにベテランの域に入っていたから、長年の経験でついたクセというのは簡単に直らない。なにせユマキャンプで臨時コーチとして呼んだパドレスのパット・コラレスバッテリーコーチ（のちのブレーブスコーチ）がひと目見て「あの捕手はパスボールが多いのではないか」と指摘したぐらいだから。

逆に古田は肩の強さが突出していた。キャンプで、捕球してから二塁に送球するまでの時間をストップウォッチで計測したことがあるが、のちに外野にコンバートしてゴールデングラブの常連となった飯田哲也と並んで古田の数字は抜きん出ていた。

その時点で私の頭のなかではほぼ古田を正捕手に決めたのだが、開幕から各球団との対戦が一巡するまでは秦でいくことにした。

大学、社会人を経験してるとはいえ、プロに入って1年目の開幕からいきなりレギュラーをもらったのではプロを甘く見てしまう。彼の人生にとってはよくないと思ったからだ。

そして予定どおり、4月の後半になったころ、古田を呼んでいった。

「8番キャッチャーのレギュラーをおまえにやる。バッティングは頑張って2割5分打て。だからその分配球術を勉強しろ」

それからは毎日が勉強だった。攻撃のときは私のすぐ前に座らせた。そこにいれば、私が相手バッテリーの配球を見ながら、ああだこうだと話しているのを聞いて勉強になると思ったからだ。

ピンチになるとベンチから私がサインを出すこともあった。そのためか、ピンチになると私の顔ばかり見て、「何、いきましょうか」と目で合図を送ってくる。

一度、古田に「ベンチばっかり見て人を頼るな。おまえに任せているんだから、おまえの判断でいけ」といったことがある。「用事があるときはこっちが呼ぶから」と。それでもピンチになるとベンチを見る。「どうしたんだ」と訊いたら、「大事な場面だから、監督にやってもらったほうが間違いない」という。古田という人間は自信家、いや過信家といってもいいほどやや自己中心的な性格をしているが、ことリードという点では探究心、向上心があった。そして何より野球に対する感性（センス）がよく頭脳明晰《めいせき》である。

もちろん教えることは山ほどあり、時には味方の攻撃中ずっとベンチで立たせて説教し続けたこともあるが、こうした1試合、いや1球1球の反省と確認の積み重ねが、いまや球界一の捕手と呼ばれる古田を築いたといってもいいだろう。

配球は3つに分けられる

野球というのは失敗のスポーツといい換えることができる。打ち損じ、コントロールミス、エラー、走塁ミス、サインの見落としなど、まさにミスばっかり。こんなスポーツは他にはない。そのなかでもっとも多いのがコントロールミスである。

真っ直ぐが外角低めの原点にズバズバ決まって、低めに確実に落ちるフォークでもあるのならいうことはない。ところが真っ直ぐが真ん中に入る、フォークが落ちない、変化球がすっぽ抜ける、こうしたミスが数多く生じるからこそ、捕手は多少甘く入っても打者が一発で仕留められない、いわゆる狙われない配球をする必要がある。

そういう意味では捕手というのはネガティブでなくてはならない。ところが多くの捕手がそうではない。「ここで内角にズバッと来て、見逃し三振に取る」「追い込んだから変化球で」。こういう思考は、捕手が打者の心理を無視して勝手にシナリオを描いたものにほかならない。

配球というのは3つに分けられる。

①打者中心の組み立て
②投手中心の組み立て
③状況中心の組み立て

①は相手の弱点を突いたり、反応を見て洞察したりする、すなわち技巧派投手の考えである。データや前の打席の結果から考え、どうしたら相手を打ち取れるか考えていく。

②は「自分のピッチングをする」というやり方で、相手打者と能力を比較して、打者の力より投手の力のほうがまさっていると判断したときの組み立てである。

たとえば、打者がストレートを狙っているとわかってもストレートを要求して勝負する。ストレートも変化球も打者の能力より優れていて、そのうえコントロールも抜群とくればよけいなことを考える必要はまったくない。とはいえ時と場合によっては、打者の弱点、心理の動揺、反応の観察といった要素が必要になる場合がある。

現在のプロ野球にこの②の組み立てでよいという投手はほとんど見当たらない。しかしわれわれの時代には、金田正一（国鉄－巨人）、江夏豊（阪神－南海－広島－日本ハム－西武）、稲尾和久（西鉄）、米田哲也（阪急－阪神－近鉄）、梶本隆夫（阪急）、鈴木啓示（近鉄）など、その時代の代表的な投手がいた。

③は点差やイニング、あるいは走者の状況によって考える配球である。併殺を取りたい、三振を取りたい、ポップフライで打ち取れないかなど、ピンチを切り抜けたい状況のときである。

配球とは要するに、この3つの基本的組み立てを応用することなのだが、現実には投手中心のリードをしている捕手が多い。投手の持ち味を活かせばいいだけだからそれほど難しいことはないが、それでも投手中心の配球さえできない捕手もいる。

私はリリーフ投手や抑え投手など1イニングしか投げないような投手をリードするときに

は、その投手のもっている球種をすべて使ってリードせよと指示するが、これは出し惜しみをして、結局配球が単純化して痛い目にあうことが多いからだ。

そして打者中心のときは、事前に時間をかけてミーティングを行い、捕手に準備野球をさせる。この①と②と③を上手に使い分けて実践させるよう指導するのだ。すなわち〝配球術〟とは1球1球の応用問題である。

理をもって戦うということが私の戦い方の根底にあるが、ふだんから観察や洞察、あるいは考えるという行為をなおざりにしていると、いざという場面で何をもとにした配球を探るべきか、その根拠となる理を探すことができない。

世の中に存在するものにはすべて理があるというが、なるほどそう思う。野球などはまさに理でもって成り立っている。その理を活かすのが、勝利への近道といえる。

正しい理念が正しい応用力を導く

清原は打席で勝負していないと前述したが、彼などは典型的なA型である（真っ直ぐに重点を置き、変化球にも対応しようとする）。

その理由のひとつは、まず自分が真っ直ぐが好きだからということ。それともうひとつは、悔いを残すのが嫌なのだろう。変化球を待って、裏をかかれて真っ直ぐが来て手が出なかったら悔いが残る。それが尾を引くのが嫌なのだろう。

いうまでもなく、清原は天性に恵まれた打者である。真っ直ぐを狙っていても、高めに変化球が抜けてくると簡単にホームランすることができる。彼のようにホームランにできるかどうかは別として、プロの一軍レベルの打者ならストライクゾーンに来る変化球は狙っていなくても何とかついていけるものである。問題は低めと、特にボールになる変化球にバットが止まってくれるかどうか。変化球への対応でいちばんポイントになるのは、そこである。

私自身現役時代、たとえば真っ直ぐを狙っていて変化球が来る、そのときスイングがピタッと止まってくれると、「よし、今日はいける」と思ったものだ。逆に止まってくれないと、尾を引いてしまう。

絶好調のとき、つまりバットが止まってくれるときは何もヤマを張ったりする必要はない。なにせ直球を狙っていてボール球の変化球が来ても、手が出て空振りするという心配はないわけだから。球はすべて真ん中に見える。「なんでおれにそんな球を投げてくるのか」、そううぬぼれられるほど余裕をもって臨める。

問題はスランプのときだ。そのときのために、ふだんはA型でも構わないが、状況や場面、あるいは相手投手と自分との力関係をよく見極めて、時にはB型、C型、D型を使い分けなさいと選手にはいっている。

配球も同じである。打者との力関係で圧倒的に勝っているのであれば、投手中心のリードでもいい。あるいは、相手の苦手ゾーンといった攻略法がはっきり出ていて、そのデータどおりに投げられるのであれば打者中心でもいい。

ところが投手も人間である。その日の調子によって、球が走っていない、コントロールが甘い、そういった不安要素がつきまとう日も当然ある。

また状況によって、強打者といえども、「この場面は引っ張ろう」あるいは「いつもこうやって抑えられているから、変化球にヤマを張ろう」「無理に引っ張らないでおっつけていこう」と心理が動く。

だからこそ捕手には、状況や相手打者、投手の調子、そして打者の心理を洞察して、打者中心、投手中心、状況中心、この3つを使い分けなさいとうるさくいっている。

要は応用である。ただその応用を求めるには基本、しかも理にかなった基本知識を把握していなければ正しい答えを見いだすことはできない。

決断と判断

決断と判断。監督になったばかりのころ、私はこのふたつの言葉を混同していた。ところがあるとき、まったく意味が異なると気づいた。

「決断」とは賭けである。何に賭けるか根拠が求められる。また決断する以上、責任は自分で取るという度量の広さをもたなくてはならない。「功は人に譲る」という精神をもって決断しなくてはならない。覚悟に勝る決断なし、つまり迷ったら覚悟を決めること。決断力と包容力は表裏一体である。

一方、「判断」とは頭でやるもの。知識量や修羅場の経験がものをいう。判断に求められるのは判断するにあたっての基準、根拠があるかどうかである。

監督の采配のなかで、決断（＝賭け）ではなく、判断（＝基準がある）が求められるものがある。選手起用や代打、そして投手交代など選手の抜擢《ばってき》であり、なかでも投手交代、継投というものは完全に判断能力が問われる。

継投するとき、その基準となるのは以下のとおりだ。

①その投手がエースである
②次の投手との力関係
③相手打者との相性
④調子
⑤スタミナ（疲労度、投球数）

⑥アクシデント（けがなど）

①は信頼度の問題である。エースや抑えの切り札であるなら、それで負けてもしかたがない。本当はしかたがないなどという考えは勝負事ではもってはいけないのだが、エースを交代させて負けるのなら、エースを続投させて負けたほうが諦めがつくし、後悔しない。よくエースと心中などというが、それはこうした監督の気持ちが判断材料となっている。

②はそのチームがどの程度のリリーフ陣をもっているかによる。中日や阪神ならたとえ川上憲伸や井川が投げていても、危ないと思ったら代えてもいいだろう。なにせ中日には岩瀬仁紀、岡本真也、平井正史ら、阪神には藤川、ジェフ・ウィリアムス、久保田智之と任せられるリリーフ陣が揃《そろ》っている。

だがこれが巨人ではそうはいかない。上原が投げている。多少疲れが見えて、そろそろいっぱいいっぱいなのかなという気配が感じられる。それでも巨人のリリーフ陣を考えれば、「もう1イニング」「いけるところまでいってくれ」、そんな気持ちになるのは当然だ。

③は左対左やデータによる相性。なかにはここで投手を左に代えれば、相手も右の代打を送る。A対Bより、C対Dのほうが打ち取れる確率が高い、そんな場合も当てはまる。

④、⑤はまさにそのまま。投手というのは、さっきまで完璧に、このまま完封かと投げていたのに、100球、120球を超えるとまるで別人のように調子が落ちることがあり、こ

の判断が難しい。ましてや調子となると、何を基準とするのか、判断はさらに難しくなる。

シダックスの監督就任1年目に判断を誤った、忘れることができない試合がある。平成15（'03）年の都市対抗野球、三菱ふそう川崎との決勝戦である。

6回まで3－0とシダックスがリードして終盤に入った。この日、先発の野間口貴彦（巨人）は立ち上がりからボールが走っておらず、毎回ピンチの連続。こんな調子の悪い野間口は見たことがない、それぐらいよくなかった。

球数も130球を超え消耗している。ただ四球は多かったが、ヒットはまだ2本しか打たれていなかった。そして何よりも彼はうちのエースである。野間口と心中、野間口で勝てなければ……、そんな思いで決勝戦まで来た。野間口への「信頼」、結果的にこれが継投策を準備していながら、私の判断を鈍らせてしまった。

長年プロにいると、こういう考え方になる。「今回だめでも次はやってくれる」。プロは140試合前後の長丁場。1年間というスパンで考えて指揮を執らなくてはならない。ちょっとしたことで選手を代えて選手がやる気を失ってしまってはえらいことになる。

「信は万物の基を成す」といわれるが、エースと呼ばれる投手はそれぐらい信頼している。だから、代えないでもう少し野間口でいこう、そういう判断になった。

野間口も人間だ。今日は調子が悪い。「不調」ということを判断基準にすれば、途端に継投に出られたわけだが、あのときの私は「信頼」をキーワードにしたため、判断できなかった。

これは私の欠点でもあるのだが、いざという場面でどうしても情が出てしまう。「なんとか勝たせてやりたい」。名監督と呼ばれる人は冷酷になれるが、どうも私はなれない。

しかし社会人の試合の多くは、負けたら終わりのトーナメント。まさに明日なき戦いである。

結果的に都市対抗の決勝戦は終盤に逆転され優勝を逃した。そのときの私の本音は「勝てる試合を落とした」だった。

ペナントレースと戦いの性質が異なる短期決戦

そんな私でも大胆に決断したことがある。平成9（'97）年の日本シリーズ。

その年のペナントレースでは不動の守護神であった高津がまさかの不振に陥り、一時は今年は優勝は無理だと諦めかけた。ところが故障から復帰した伊藤智が高津の穴を埋めてあまりある活躍をし、見事なストッパー役を務めた。ペナントレースの優勝は彼のおかげといってもいいほど、すばらしい内容だった。

しかし日本シリーズで伊藤智が不振に陥ると、私はあっさりとストッパーを高津に戻した。いや、正直にいえばシリーズ前から、日本一になるのには高津の力が必要だという思いが頭の片隅にあった。

日本シリーズはペナントレースとまったく別の性質をもっている。

昭和48(73)年、南海がプレーオフを制し、日本シリーズに出たときのことである。

相手はV9のかかった巨人。その際、われわれは堀内恒夫という巨人で長くエースを務めてきた男をノーマークにした。堀内はその年のシーズン中はまったくだめで、スコアラーの意見は「堀内はとても日本シリーズには出てきません」で一致していた。

そう思ってちょっと甘く見たところ、第2戦でリリーフに出てきて、うちがリードしてなお追加点のチャンスという場面で見事に抑えられた。第1戦をモノにしていただけに、追加点が取れていれば2連勝できたのだが、堀内の見事なロングリリーフで結局逆転負けしてしまった。

最終的に1勝4敗で敗れたのだが、振り返ってみれば、2戦目以降、勝負が決した5戦目までの4試合のエースは紛れもなく堀内だった。彼は大試合になればなるほど燃える。彼の性格なのか、そういう強い星の下に生まれているのか、日本シリーズでは常に力を出すのだ。

堀内しかり、高津しかり、ペナントレースで調子が悪かろうと、日本シリーズではキーマンとなる選手がいる。そういう選手をいち早く見つけることも短期決戦では重要となる。

最近、日本シリーズに出た監督が「これがうちの勝ちパターンだから」とか「ペナントレースと同じ戦いをする」「ペナントレースの延長だ」というのを聞く。だが私には、それは負けたときの言い訳、逃げ口上にしか聞こえない。

長期のペナントレースと短期決戦の日本シリーズはまったく性質が異なることを考慮していないうえ、短期決戦という特性を利用する機会を放棄してしまっているようにさえ思える。

余談になるが、前述した昭和48年の日本シリーズでは堀内にホームランまで打たれた。

「堀内はバッティングがいい」、これはしっかりと情報として入っていた。通常ならミーティングでスコアラーの説明に投手の打撃のことなんて出てこないが、堀内に関してはバッティングがあまりにもいいということで、説明があった。スコアラーによれば、「セ・リーグの関係者は異口同音にスライダー、カーブをうまく打つといっている」ということだった。

この「スライダー、カーブをうまく打つ」ということが私の警戒心を緩めてしまった。一般的な情報がそうだったとしても、やはり自分で見て自分で確認しないといけなかった。スライダー、カーブが強い。それを信じて、松原明夫（福士敬章）にシュートを要求したところ、簡単にホームランを打たれたのだ。

彼の打撃はセンスのよさを感じさせるものに見えるが、実際はヤマが当たっていただけだった。もしミーティングで「堀内はヤマを張ってきます」という情報が入っていたら、違う結果になっていただろう。狙い球の探り合いなら、私に分がある。堀内が何を狙ってくるか見抜けたはずだ。

カーブ、スライダーをうまく打つ。その情報自体は誤りではない。ただ、その言葉の前に

「ヤマ張ったときには」という注釈がつかなければならなかった。

監督としての最初の日本シリーズ、敗れて情報収集と活用の重要性、監督采配など大いに学んだ点である。

弱者の戦法

短期決戦の戦い方。それは、以下の順で考えていかねばならない。

①戦力分析と具体的な攻略法
②コンディショニング
③出場選手の決定
④どの試合を重視するか
⑤無形の力を重視した戦い

なかでも①の戦力分析。これを見誤ってしまうと、劣勢に陥ったまま「どうしたんだ」「こんなはずではなかったのに」ともがき苦しむうちに短期決戦は終わってしまう。

平成15年の日本シリーズでは星野仙一監督以下、阪神の首脳陣や選手に「自分たちのほうがダイエーより力は上だ」という意識があったのではないだろうか。

両軍の戦力を見渡したところ、ダイエーは松中信彦、城島、井口資仁と攻撃陣も充実しており、その年は絶対的なエースといわれた斉藤和巳、そして若い杉内俊哉、和田毅と投手力でも阪神を上回っていた。

一方の阪神は安藤優也、ウィリアムスのリリーフ陣はダイエーより上だったが、いかんせんリリーフというのは味方がリードして後半に入って初めて出番となる。

西武の黄金時代を築いた森監督は第2戦重視説を唱えた。絶対的なエースがいるなら、日本シリーズで第1、4、7戦に先発させればいい。それに対して、図抜けたエースはいないがそこそこの投手陣が揃っている、あるいは3度先発させるには中3日の強行軍になるため、絶対的エースといえども中4日で2度しか先発させられない、そういう事情ならば何もエースを初戦にぶつける必要はない。第2戦でいい。その代わりに第1戦は技巧派を投げさせる。

すでに事前にスコアラーが情報を集め、しつこいほど念入りにミーティングは済ませているが、その情報が当たっているのか、あるいは同じ内角が苦手にしても、どこまでがなんとかこなせて、どこからがまったく手が出ないのか、そういったことは実際に対戦してみないとわからない。そこでコントロールのいい技巧派に任せて第1戦はデータの確認作業にあてるのだ。データ収集ではなく、データ確認ができたことで、たとえ相手に先勝を許したとしても残りの6試合を余裕をもって戦うことができるというわけだ。

第1戦を勝ち、優位に立てればそれでいい。しかしもしエースで1戦目を落としたときのことも考えなくてはいけない。指揮官というのは目先の1勝より、7戦まで見極めてどうすれば4勝できるかを考えなくてはならない。それが森監督の第2戦重視説の根拠である。

森監督時代の西武は投打ともに戦力が充実しており、弱者か強者かと問われれば、常に強者だった。その強者が念には念を入れて、第1戦をデータ収集、データ確認にあててくる。こういう戦い方をされると弱者はますます勝ち目が薄くなる。

また古くは昭和31(56)年の西鉄・三原脩監督が、稲尾和久という大エースがいながら川崎徳次という大ベテランを第1戦の先発に起用した。技巧派で巨人との日本シリーズという大舞台にも平常心で臨めるベテランの安定感を買った抜擢だった。

平成15年の日本シリーズに戻るが、このシリーズは第7戦までもつれ、結果的に第2戦でまったく精彩を欠いた伊良部秀輝を、星野監督が再度第7戦に投げさせたのがいちばんの敗因となった。ペナントレースですら前半と後半では別人のようだった伊良部を、私ならシリーズで投げさせることすらしなかったが、星野監督は伊良部の奮起に期待し、結果は裏目と出た。情をかけ奮起を促す。星野流と呼ばれる選手起用である。

またこのシリーズ、もうひとつの大きな敗因が第1戦での井川の起用だったと思っている。

この年の井川はすばらしい内容でシーズンを終えたが、彼のコントロールはまだまだアバウトで、矢野の要求したコースにきっちり来ない。その井川を斉藤にぶつけ、真正面からぶつかったことで、形成は阪神が不利となった。

ただ弱者＝第2戦重視とはいかないケースもある。昭和48年、私が監督として初めて日本シリーズに出場したときのように、南海と巨人の戦力差があまりにありすぎて、南海の選手がとてもかなわないと劣等感をもっているようなケースである。

このシリーズで私は第1戦の先発にエースの江本孟紀を立てた。まだ若く先発、リリーフ、そして先発と起用してもビクともしない江本をフル回転させるつもりで、また第1、3、5、7戦はたとえ江本が崩れても他の先発投手をリリーフに総動員させて、何が何でも勝ち取る。その代わり、2、4、6戦は捨てゲームで構わないという戦法をとった。

狙いどおり第1戦は取ったが、その1勝のみで1勝4敗で敗れた。当時の巨人とはあまりに実力差がありすぎて、弱者の戦法も結果に結び付けられなかったが、この戦法は日本シリーズ直前のプレーオフでは成功している。

当時、パ・リーグは前・後期制で日本シリーズに出場するには、前・後期の勝者同士で争われる5回戦のプレーオフを勝たねばならなかった。南海は前期こそ優勝したものの、後期優勝した阪急には、後期の13戦で1分け12敗とまったく歯が立たなかった。そこで私は選手に失った自信を取り戻させるために、第1戦重視説をとり、阪急と相性のよかった西岡三四郎を先発させ、西岡が打たれるとすぐに左腕の村上雅則をリリーフに、そしてシーズン中は抑えの切り札だった佐藤道郎を中継ぎに起用し、最後はエース江本まで投げさせ第1戦をモノにした。そして2、4戦目は捨てゲームにすることで、3、5戦をきっちり勝ち、阪急が絶対有利といわれた戦前の予想を覆した。

ただし日本シリーズと大きく異なるのは、プレーオフは3勝先勝の5回戦制であるということだ（現在のパ・リーグプレーオフは第1ステージは3回戦制、第2ステージは5回戦制）。

日本シリーズでは初戦を落としても「まだふたつ負けられる」。だがプレーオフではその時点で「あとひとつしか負けられない」となり、非常に追い詰められた心理状況に陥る。しかもエースは、第1戦で投げて第5戦に登板となると中4日、第2戦と第5戦だと中3日の強行軍となる。ゆえに、日本シリーズとプレーオフでは同じ短期決戦でも戦い方は微妙に異なる。

攻撃でも短期決戦の戦い方がある。常に走者を得点圏に進めて勝負するという、確率の高い作戦（セオリー）が優先され、ここぞという場面になって初めて奇襲という選択肢が生じる。そして1球1打にこだわってひとつの白星を取りにいく。

同じ短期決戦でも試合数が少なければ少ないほど、「1」という数字に重きを置かなくてはならない。

4

才能は学から生まれる

小事が大事を生む

イチローを最初に見たのは彼が入団1年目のオープン戦でのこと。私には彼がとても18歳には思えなかった。打撃練習中にゲージの後ろから見たのだが、構えだけでも実に雰囲気があった。

オリックスで金田義倫という峰山高校の後輩がフロントとして働いているのだが、彼に「ええ選手やな」といったら、「いいでしょう」という言葉が返ってきた。久々に高校を出たばかりの野手が1年目から活躍するのかなと思った。

西武の松坂や今年のダルビッシュ有（日本ハム）、湧井秀章（西武）など、投手がルーキーイヤーから出てくることは珍しくないが、野手で高卒1年目からレギュラーとなると、最近では清原、広島の前田智徳以来いないのではないか。

ところがそれから1年たったあとも、あのときの高校生（厳密にいえば初対面のときは卒業式を終えていただろうが）が出てきたという話は聞かなかった。

そこで翌年のオープン戦でオリックスと当たったとき、金田に「おい、あの鈴木って子はどうしたんや」と尋ねた。

すると金田が「土井（正三）監督が使わないいんですよ」という。

「どうしてだ」と驚いた。すでに当時のイチローは誰が見ても一軍でも通用するという域まで達していた。ところが金田がいうには、「土井監督が、あの振り子打法が気に入らない」とのことだった。

「あんな格好でプロの球が打てるわけがない。あの打法を直さないかぎりは一軍では使えない」

そういって一軍に上げようとしなかったらしい。

まさに固定観念である。確かにイチローという選手は、「いい格好をしよう」という意識が見え隠れする。しゃべり方にしてもあの顎《あご》ひげにしても、たいしてまぶしくない試合でもサングラスをつけたり、毎回打席に入るとき、バットを右手で掲げるあの構えにしても、彼の「かっこよく野球をやりたい」という意識が出ている。

そのあたりは典型的な現代っ子であり、それが土井には受け入れられなかったのだろうが、よくよく考えてみれば、かっこよく見せたいという意識は決して悪いことではない。

これも立派な進歩の始まりであり、問題はそれに中身が伴っているかどうかだ。かっこいい選手なりたいと憧《あこが》れ、そこを目指す過程で中身ができてきて、本物になっていく。イチローを見ているとまさにそう思う。最初は格好が先行していたが、努力することで中身が備わってきて今のイチローに行き着いた。いまや彼の野球への姿勢に文句をいう者は誰ひとりとしていないだろう。

イチローが天才であることは間違いない。だが同時にすごい努力家だ。オリックスからヤクルトに移籍してきた馬場敏史という内野手（現ヤクルト守備走塁コーチ）がよく話していた。イチローの打ち込み量は半端ではない、雨天練習場でマシン相手に１日打っていると。

昨年262本というメジャーの年間最多安打記録をつくったが、その後のイチローのインタビューで、「おれと同じ感覚なんだな」と驚く点がいくつかあった。

ひとつは「頂点に立つということは小さなことの積み重ねだ」といっていた点。イチローがあの口調でいうと、あんまりピンと来ない。なにせ彼が18歳のときにすでに一流の雰囲気を感じたように、親からもらった天性の素質が抜きん出ており、王貞治や長嶋茂雄と比べても遜色《そんしょく》ない天才肌である。

長嶋などは堂々と「打席では何も考えていません」「集中して、いい球が来たら打つだけです」と話していた。イチローもきっと長嶋のようにあまり考えるという行為を重視しないのかなと思っていた。

私の好きな言葉に「小事が大事を生む」というのがある。

小事が大事を生む。これは、いきなり大きいことを目指すのではなく、小さい事柄を積み重ねていくことで大きな目標が達成できるという意味だ。彼の発言はまさに私の野球観に通じており感銘を受けた。

彼のバッターボックスでの立ち位置やバットの振り方ひとつからも、彼がその言葉をとても大切にしているんだなということが感じ取れる。フォームにしても今のものに満足するのではなく、毎年ほんの小さなことなのだが、少しでも確実性の高いものに変えていこうとしている。普通ならある程度の実績を残すと現状に満足してしまい、なかなか新しいものに挑もうとはしないものだ。

もうひとつ、イチローの言葉に感銘を受けたことがある。これは技術論であるが、「打席のなかで注意しているのはワンポイントだけ。常に左肩を意識している」といったのだ。投手がボールを投げてきたとき、左肩がちょっとでもピッチャーのほうに向かないように、「左肩を意識して、じっと我慢している」というわけだ。

左打者がよくいうのは投手方向の肩、つまり右肩。右打者なら左肩。よく「体が開いている」というが、たいてい投手方向の肩が開いてしまっていることをいう。指摘する個所は左右異なっても、いっていることは同じ。左打者の左肩が内側に動けば、当然右肩は開いてしまう。指摘されると「ああそうか」と思うものだが、実際の打席で肩に意識を置く選手は意外と少ない。

私も肩を重視していた。だからこそ、前述したように捕手としては打者の肩を注視していた。今でも捕手にはうるさくいっている。

「打者が見逃したときに、ただ投手に返球するな。捕球してから返球する動作のなかで、必ず打者の肩の変化を見ろ」

ちょっとでも外に逃げたら（イチローのいう捕手方向の肩なら、内に入ったら）、気持ちが内角にあるということだ。逆に肩がかぶさっていたのなら、「1球内角にポーンといって、肩を開かせろ」、そんな指示を送る。

ちなみに平成7（'95）年の日本シリーズ、ヤクルトはオリックスと対戦した。事前のスコアラーの説明では「イチローにはまったく弱点が見当たりません」とのことだったから、イチローの内角攻めへの意識を高めるべく、私はテレビや新聞でインタビューを受けるたびに、「イチローは内角に弱点がある」といい続けた。古田をはじめ選手も本当に対策に困っていたものだから、「もっといってくださいよ」といってきた。

実際のところ、イチローがどれぐらい私の話を聞いたかわからないが、日本シリーズでのイチローはシーズン中のイチローとは明らかに別人で、完全に壁を崩していた。だから外角中心に攻略し、まずまずの成功を収めた。結果は19打数5安打（打率2割6分3厘）、1本塁打、打点2。ヤクルトはオリックスを破って日本シリーズを制することができたが、その最大の要因はイチロー封じに効果を発揮したこの「ささやき戦術」だった。

イチローの打席での対応は、天才と呼ばれるだけあってA型である。本来、A型というのは、ストレートに合わせておき、変化球にもついていこうとするものだが、彼はインタビューのなかで、「ぼくは違います。変化球をマークして真っ直ぐについていく、これがぼくの理想です」と話していた。

すごいことだ。凡人は変化球を意識してしまうと、真っ直ぐがドーンと来て手も足も出ない。仮に甘いストレートが来ても振り遅れてファウルになってしまう。

イチローの話を聞いて、私は自分の現役時代を思い出した。

すごく調子がいいときは、外に逃げる変化球、右投手のカーブやスライダー、左投手のシンカーといった球種をマークしているときに真っ直ぐが来ても、体が無意識に反応してついていけたのだ。ただその際、わずかにポイントがずれているから、打球は右方向に飛んでいった。流しているわけではない。自然と右方向に打球が行くだけだった。

イチローのいう「変化球マークの、真っ直ぐへの対応」というのはそういうことなのではないかと、彼のインタビューを聞いていて思った。

ひとつの球種に絞っていないという点では、イチローはD型（ヤマを張る）ではなくA型である。ただ無意識にもう一方の球種（重点を置いていない球種＝通常は変化球）に反応しようとする他の打者と同じような取り組み方でありながら、彼の場合はわずかな感性ではあるが、B型やC型を使い分けている。そこに彼の天才といわれる所以があり、天才的な発想といえる。

もっとも彼の打撃は、彼が左打者だからできるというものもある。左打者と右打者、両者にはまったく別の打撃理論があるといってもいいほど、一緒に語ることはできない。

左打者だけがもつ危険ゾーン

左打者には左投手の内角球を打ちこなすのが下手な人が多いが、内角へ来る球はほとんど手を出してくる。

当たり前のことだが、野球というのは左打者でも右打者でも一塁方向へ走らなくてはならない。左打者はスイング自体が一塁方向に流れ、その過程で一塁に走り出す。つまりスイングの一連の流れのなかにスタートという動作が入っており、無意識の世界ではあるがわずかに体が開くものだから、ストライクゾーンの球は内角でもなんでも全部ついていけてしまう。もちろん内角を意識しているところに、外に左投手のスライダーを落とされると、体が開いている分引っ掛けてしまうし、逆に外に意識があるときに内角にシュートを投じられると、右肩の壁が崩されてしまい、次球以降体が開きやすくなってしまうという欠点もある。

しかしもし内角一辺倒の配球、外角一辺倒の配球なら、いくらキレのいい球でもヒットにできる確率が高い。

同じ一辺倒の配球でも右打者ではそうはいかない。一塁方向へ走らなくてはという無意識のなかの意識はあるが、体が三塁方向に回転するため、スイングとスタートの動作が連動していない。だから右打者は適度な体の開きというのがわからない。内角へのシュートをフェアエリアに入れようとするには相当高度な技術を要するのである。

歴代の首位打者、リーディングヒッターベスト10の打者を見ても左打者が圧倒的に多い。古くは川上哲治（巨人）、張本勲（東映－巨人－ロッテ）、榎本喜八（大毎）、王、ランディ・バース（阪神）、最近ではイチロー、松中、小笠原道大（日本ハム）。連続して首位打者を獲得したり、安打記録や三冠王を達成する打者は左打者ばかりである。

昨年までの飛ぶボールでは右打者が外角の球を右中間に放り込むシーンが目立ったが、私の時代はまず考えられなかった。低反発球に変わった今季、右打者の右方向への本塁打は極端に減った印象がある。

ところが、左打者が外角やや甘い球を左中間の深いところに放り込むのは昔からよくあった。

捕手をやっていて、左打者のベルトの高さで、真ん中よりやや外角のコース（220ページ参照）、ここに来ると下位打者だろうが投手だろうが、左打席に立つ打者は本当にうまく打つ。だから捕手には「左打者に外角を投じるときは絶対に原点（外角低め）を外すな。間違っても高くいくな」とうるさくいっている。

外角低めならいい当たりでもショートゴロで済むが、ちょっと高いと遊撃手の頭を越えて左前打。いや左中間を破られたり、場合によっては左中間のいちばん深い所にホームランを打たれることもある。

3000本安打を達成した張本の左方向への打球はテニスのラケットで弾き返したようで、捕手から見ていても惚《ほ》れ惚《ぼ》れするほど腕からバットにかけて美しくしなるフォームだった。美しさという点では左打者のほうがはるかに勝るし、打球もよく飛ぶ。

一方、一流と呼ばれる右打者は落合博満（ロッテ－中日－巨人－日本ハム）を除けば、引っ張り専門のプルヒッターが多い。左方向にはきれいな放物線を描く本塁打を打つが、センターから右への本塁打は少ない。

昭和38(63)年、私はシーズンで52本の本塁打を放ったが、右方向へは10本にも満たなかった。これらはまさに、打ったら一塁方向に走らなくてはならないという野球というスポーツの特性が、右打者と左打者に異なる打撃理論をもたらせていると思えてならない。

ただ一連のスイングの動作のなかにスタートが入っているがために、左打者にはマイナス面もある。

テレビを見ていると感じるが、左打者はよくファウルした瞬間に画面から消えてしまう。阪神の赤星憲広、藤本敦士、鳥谷敬、巨人の清水隆行、ソフトバンクの川崎宗則、ヤクルトの青木宣親などが代表例で、これはスイングと同時に打席を飛び出し、一塁方向へ走り出してしまうからだ。

実際はインパクトの瞬間に一塁へのスタートが作動するのだが、無意識の世界ではもっと早く一塁方向に気持ちがいっている。レギュラー選手ではないが、巨人の鈴木尚広、広島の東出輝裕など俊足の選手にもこういった傾向が見られるが、足が武器の選手だけに少しでも早く一塁に達したいという気持ちがそうさせているのであり、こうした「走り打ち」と呼ばれるただ当てるだけの打撃では、いくら俊足打者でも簡単にアウトにできる内野ゴロに終わってしまう。あるいは高めの速球にバットのヘッドが下がり、凡フライを打ち上げてしまったり、当然見切りが早くなるから外の変化球に空振りしてしまう。足の速さを打率アップにつなげることができない。

だからこそ、私は赤星や藤本には常に、「遊撃手の頭上を狙いなさい」と指示した。左方向に打つにはしっかり球を引き付ける意識が必要である。そうすることで、コンマ数秒でも静止して球を見ようとするのだ。

余談であるが、左打者で送りバントを苦手とする選手が多いのも同じ理由である。無意識のうちに「自分も生きたい」との欲が出て、しっかりとバットに当てる前に一塁方向へ走り出してしまう。だから左打者には「(バントした)ボールが地面に落ちてから一塁へ走り出しなさい」、つまりバントしてから、しっかり打ってから走れと口うるさくいったものだ。

捕手は「疑い屋」であるべき

評論家としてゲームを見ていると、しばしば申し訳なく思うことがある。巨人の正捕手、阿部に対してである。

新聞でもテレビでもわれわれが評論や解説を求められるのは、日本シリーズやプレーオフを除けばほとんどが巨人戦である。その巨人のなかにあって、私は阿部の捕手としての判断や洞察が試合の流れを変えるものだと思っている。

阿部はまだ入団して6年、正捕手になって5年。打者としてはチームリーダーを担う域にまで達しているが、経験がモノをいう捕手ではまだまだ修行中の身である。しかも阿部にとって不幸なのは、かつて投手王国といわれた姿が巨人から消え去り、昭和50年代の江川、西本、60年代の斎藤雅樹、槙原寛己、桑田真澄といった、極端な言い方をすれば、捕手のリードがそれほど重要でない投手が巨人からいなくなったことだ。

今いる投手でそのレベルにあるとしたら上原ぐらいだが、その上原でさえ140キロを超える程度の速球では、原点能力（外角低めへの直球の精度）やフォークのコントロールが悪ければ、リードでごまかしていかなければならない。

「捕手は監督の分身」である。巨人の〝監督〟というからには、注目度も他チームの比ではない。巨人の監督といえば、成績が悪ければマスコミの餌食となり、オーナーが求めた結果を出せないまま契約終了時期が近づくと、まだ逆転優勝の可能性が完全に消えたわけではないのに次期監督問題で騒がれる。それほど責任の大きな職務である。

当然、〝グラウンドでの監督〟である阿部にも大きな責任が求められる。阿部の判断の成否によって巨人の成績が左右する、つまり巨人が優勝できるかどうか、その大半を阿部が担っているといっても過言でない。私の阿部に対しての批評がどうしても厳しくなってしまうのはこうした理由からだ。

大学時代からバッティングに定評があり、プロに入ってからもその打撃を期待されてレギュラーを与えられた阿部と、「打撃は2割5分でいい。その代わり配球を勉強しろ」といって「8番・捕手」の定位置を与えられた古田とは、やはり大きな差異がある。

阿部のリードは打席に入ったときの心理、つまり打者の心理であり、古田や矢野が捕手の心理を打席で活かしているのとは「守」と「打」の優先順位がまったく正反対なのである。たとえば阿部のリードによく見られるのは「意表を突く」という意図。カウント2－3で思い切って内角を突こうとする。

確かに内角に直球がズバッと決まる、打者が見逃す、審判の手が挙がるというのは、捕手が酔いしれる瞬間である。だがかっこよく取るアウトも、打たせて取るアウトも、アウトはアウトである。要はいちばん失敗の確率が低い選択をすることが捕手に求められるわけだ。

再度いうが、内角はリスクを背負っている。打者がフルスイングできるコースであり、死球を与えてしまう危険もあるということを忘れてはいけない。

打者が外の変化球を踏み込んできそうな気配がある。「ここで1球内角にボールを」。悪くない選択である。ところが状況や投手の能力で、それは「悪くない」から「しないほうがいい」に変わってしまう。

状況は満塁。投手は先発で勝ち星を挙げているとはいえ、経験の浅い若手。どうしても投手に「押し出しはしたくない」「ぶつけたくない（死球）」という心理が働く。あるいは1−1、0−1というカウントであるならば、「ボールを先行させて押し出しになるのは嫌だ」という意識……。こういったことから、内角へ要求したときは、ミットを構えたコースより甘く入ってくる可能性が高いと考えなくてはならない。「打者中心」から「投手中心」の思考（リード）に変わらなくてはいけない場面だ。

私は捕手には「分析」「観察（目に見えるものを見る）」「洞察（目に見えないもの＝心理を読む）」「判断」「記憶」の5つを求める。最低でも観察の段階まで到達しておかないと、的確なリードはできない。

ふだんはA型（真っ直ぐに重点を置き、変化球にも対応しようとする）である打者が、A型では絶対に手が出ないような厳しい変化球を見事に打った。この場合、突然D型（ヤマを張った）、もしくはC型（打つ方向を決める）に変わったのは何か理由があるはずだ。

投手のフォームのクセが盗まれていた、捕手の構え方などで配球がバレてしまっていた、配球のクセ（パターン）を分析された——何か原因がある。

打者が変化した瞬間を見抜く。そのためにはふだんから観察力を磨くしかない。

よく「野村野球＝データ野球」という人がいるが、私は決してそうは思っていない。データとは観察のもととなるもので、試合の前までに用意するものだ。一方、情報は試合のなかで拾うものである。

投手のクセや配球の傾向、時には二遊間（捕手のサインが見える）の動きから球種を判別されることもある。そして打者の狙い球の絞り方、盗塁するときの仕草、ベンチのサインによる打者や走者の反応の仕方などなど、情報はゲームのなかに落ちている。それをもっとも感じ、見抜けるのが捕手というポジションである。

なにせ9人のなかでただひとり反対側を向いて守っているのだ。加えてそのすぐ間近に打者が立つ。扇の要《かなめ》とはよくいったもので、捕手の判断ミスが命取りとなるだけに、捕手は常に「疑い屋」でいなければならない。

私は現役時代、「狙い打たれたら100％捕手の責任」と自覚して試合に臨んだ。自分が責任を負わなくてはならないのだから、いい加減なサインは出せなくなる。

「狙われているんじゃないか」「読まれているんじゃないか」「クセが出ているのではないか」、常に不安を抱いていた。

逆に打者としては、打席で思いきって読んだ。ヤマを張った。賭けに出て、自分に欠ける能力を補おうとした。だが守りではそんな大胆なことはできない。根拠や基準のない〝賭け〟のリードをして、裏目と出たらえらいことである。

だから迷ったときは、原点（外角低め）要求やボールが打者の前を通過したときに打者の反応をしっかり目を開いて見た。

諸葛孔明が子孫のために残した家訓のなかに次のような一節がある。

優れた人は静かに身を修め徳を養う。
無欲でなければ、志は立たず、
穏やかでなければ道は遠い。
学問は静から、才能は学から生まれる。
学ぶことで才能は開花する。
志がなければ学問の完成はない。

阿部を見ているとうらやましいほど捕手としての素質を感じる。

3割を打ち、本塁打を30本以上確実に打てる卓越した打撃センス。肩がよく、瞬発力もある。だが学ぶことなくしては、その満ち溢《あふ》れた才能が開花し、チームの勝利を呼ぶことはありえない。あとは配球をしっかり勉強してもらいたい。

松坂に求めたい「興味」と「必要」

私が阿部とともに厳しい目を向ける選手に西武の松坂がいる。

松坂という投手は、日本を代表するエースと呼ぶにふさわしい素質の持ち主である。まずなんといってもストレートが速い。160キロ近い真っ直ぐを投げ込む。それだけで打者はストレートを意識せざるをえなくなる。

豪速球投手というと不器用な投手が多いが、松坂は変化球も多彩に投げ分ける。カーブ、スライダー、フォーク、チェンジアップ、カットボール。どれも一級品、もしくはそれに近い精度の高い球種である。

これだけのスピードと球種があれば、捕手の思いどおりにおもしろいように打者を三振に取れるだろうなと思いきや、実際はそうではない。150キロ台のストレートでも簡単に打ち返されたり、あれだけ真っ直ぐが速いと理屈のうえでは変化球に対応できないものだが、緩いカーブやチェンジアップにもついてこられる（ファウルされる）シーンをよく見る。

その理由のひとつは松坂の原点能力（外角低めへの直球のコントロール）の低さにあるのだが、もうひとつ松坂の欠点を挙げるとしたら、それは彼の投球フォームにある。

社会人野球の監督をやっているとよく感じるのだが、プロとは異なり、同じ相手と何度も対戦しないトーナメント主体の社会人野球では、130キロそこそこのストレートにシダックスの選手が振り遅れたり、空振りして手も足も出ないということがよくある。選手に「手元で伸びているのか？」と訊くと、「まぁ……」と頼りない返事が返ってくる。

そういった投手の共通点は、気迫満点で投げ込んでくるダイナミックなフォームが多い。打者は無意識に投手のフォームと腕の振りが目に入り、速球派の意識で球に対応する。結局、投手のフォームに幻惑されてタイミングに合わなかったり、りきんだりするのだ。

一方、松坂のフォームを見てみると、彼もまた速球派のダイナミックなフォームである。打者は投げる前から相当に速い球が来ると準備している。フォームと実際の球速が同程度の感覚は打者にとって反応しやすい。おそらく初速（投手の手元を離れた直後のボールのスピード）は早いが、終速（捕手のミットにおさまる直前のボールのスピード）は遅いのだろう。

私も何度かバックネット裏から見たが、確かにスピードガンほど速く感じない。150キロでも手も足も出ない150キロという印象はなかった。スピードガンでいえば、初速と終速の差が少ないほどよいのである。

たぶん彼はリリースの瞬間、指のかかりが一定していないのではないか。昔から「スピンをかけろ」といわれてきたものの、スピンをかける意識が弱いため、一流の腕の振りをもってしても打者が腰を抜かすようなキレのある球を連続して投げることができないのだろう。

彼には一級品のカーブもあるが、そのカーブを打者がA型でついていける点からも、指先がしっかり振れていないというヒントが隠されている。

A型で対応されるから、捕手は一発の怖い場面では恐ろしくて緩い球を要求しづらい。かといって真っ直ぐだけではついてこられてしまう。西武の細川亨や野田浩輔の松坂に対するリードを見ていると、結果的に松坂という投手を変化球投手にしてしまっている。つまりスライダーやフォークといった半速球を要求する割合が非常に高いのだ。

中日の山本昌のストレートは130キロを超える程度、松坂と比較すれば20キロ以上も遅い。それでもその真っ直ぐで三振を奪う。打者は振り遅れる。その理由は、彼の実際のスピードよりはるかに球を速く見せる投球フォームに打者が幻惑されているからである。

松坂は日本一になった平成16年の第6戦で勝利するまで、日本シリーズでは3連敗中だった。しかもその内容がよくない。連打を食らう。大事な場面でホームランを浴びる。信頼が置ける不動のエースと呼ぶにはふさわしくない投球だった。

パ・リーグ同士での戦いでは、相手も力と力、真っ向勝負でフルスイングしてくるため、多少高めに浮いても（ボール球）、逆球になっても空振りや凡飛で打ち取れるが、セ・リーグには、松坂のような速球派にはバットを短くもったり、右打ちを試みたり、コンパクトに振り抜いてくる打者が多い。

特に日本シリーズでは打者の頭から１００％個人記録は消え、チームのため、勝つために戦う。だからこそペナントレース（長期戦）では通用していた、スピードはあるものの精度が決して高いとはいえない直球が、短期決戦では格好の餌食となる。

もっともパ・リーグでは通用するといっても、完璧というわけではない。松坂は入団した平成11(99)年から3年連続して最多勝のタイトルを獲《と》っているが、通算成績は7年目の平成17(05)年のオールスターまで84勝52敗で勝率・６１７。同期入団の上原は同時期まで91勝41敗、勝率・６８４。勝率では上原が大きく松坂を上回っているのだ。所属チームの攻撃力を差し引いても、見た目でははるかに上回る上原を超えられないでいる。

いくら１６０キロ近い速球でも、近代野球ではバットにかすることなく打ち取れるということは少ない。日本最速記録となった横浜・クルーンの１６１キロも終速が遅くなるのか、赤星がファウルしている。だからこそ緩急、ただ緩い球を投げるだけでなく、フォームの緩急も求められるわけだ。

そして各球種の目的をもう一度考えてみることだ。

ストレートなら、①空振りを取る　②内角のボール球で打者の壁を崩す　③原点でストライクを取る　④対となるフォークなど変化球を活かす――など。

スライダーなら、①空振りを取る　②引っ掛けさせてゴロに取る　③左打者の内角に投じてファウルでカウントを稼ぐ　④対となるシュートを活かす　⑤左打者の外角のボールゾーンから外角いっぱいにストライクを入れて見逃しストライクを稼ぐ——など。

フォーク、チェンジアップなどの特殊球は、①空振りを取る　②打者のタイミングを崩す　③凡打に打ち取る——などである。その目的を理解して投じないことには、一級品の変化球も宝の持ち腐れである。

集中力を高める2大要素とは「興味」と「必要」である。

日本球界で投げている以上、少々負けることがあってもシーズンが終わってみたらタイトルを争うだけの勝ち星を得られる。それだけの素質をもつ松坂だけに、なかなか自分にはまだ何かが必要だと感じる機会は少ないのではないか。ほんの少し「フォームの見直し」「腕の振り（スピン重視）」に工夫をこらせばひと皮むけるのではなかろうか。

チームから1試合の行方を任せられる以上、エースには「もっと楽に勝てる」「もっと確実に勝てる」投球術を追求せねばならない使命がある。

野球界はすでに国際化に向けて動き出している。今後はオリンピック以上に負けられない国際大会が数多くあるであろう。その多くが一発勝負のトーナメントである。

松坂が「興味」と「必要」を感じたとき、そうした大一番でも安心して送り出せる、日本の不動のエースに成長してくれることだろう。そう私は信じている。

5

中心なき組織は機能しない

はき違えたチーム優先主義

今、日本球界でもっとも信頼が置けるエースはというと上原となる。

彼は通常の真っ直ぐ落ちるフォークに加え、スライダー回転のフォーク、シュート回転のフォークと投げ分ける。特に左打者にはシュート回転のフォークがシンカーのような効果を発揮し、非常にやっかいな球種となる。

だがこのフォーク以上に、彼の特徴は原点能力、つまり直球を外角低めに投じる精度の高さにある。

たとえばカウント2－1のケース。2－0から1球外した場合の2－1、あるいは1－1から直球がファウルになったときの2－1、いずれにしてもバッテリーが「さぁ、追い込んだ」（打者は「追い込まれた」）と思うこの状況では、次は変化球マーク度が高くなる。その結果、投手、打者の心理が一致することが多い。

外角低めのボールゾーンいっぱいにスライダーやフォークを投げても、マークしている打者には見送られる。かといって直球勝負でいこうにも、もし狙われていたらと思うと怖くて捕手も要求できない。

こういった場面（ただし右投手対左打者、左投手対右打者には当てはまらないが）で私は捕手に「原点を要求しなさい」という。内角真っ直ぐ、同じ軌道から外に逃げていく変化球というふたつのパターンで待っている打者が多いが、その際、原点は死角になっている。

実際、内角への対応が遅れるために外角低めの直球を待つ打者はまずいないが、仮に狙われたとしても、原点にきっちり来れば打者はファウルにするのが精いっぱいである。

上原はこの原点能力に長《た》けている。これだけで松坂の155キロの真っ直ぐや川上の140キロ超のカットボールよりはるかに安心感をもって送り出せる。

しかし能力的には絶対的なエースと呼べる上原も、心理面では決してそこまでの域に達しているとはいえない。それは彼のもつ固定観念にある。

平成17年の開幕戦、両太ももを痛めていた上原だったが、7回まで見事な投球で広島打線を封じていた。投球数は83球。ところが早めの交代を想定していた首脳陣から「代わるか」と訊かれると、上原は同意しマウンドを降りた。その後、不安定なリリーフ陣が打たれ、巨人は痛い逆転負けで大事な開幕戦を落とすことになる。

100球、もしくは120球で交代。米国ではコーチが厳密に球数をチェックし、完投できそうなぐらい調子がよくても球数が達したからと交代させることが多い。日本球界にメジャー流と呼ばれるものが入ってきて以来、上原をはじめ、最近の投手はこの球数にこだわる者が多くなった。

だが、日本と米国では大きな違いがある。米国では先発は中4日で回し、しかも15連戦、

20連戦もあるのに対し、日本は週に1度、月曜日（パ・リーグは木曜日）に休日があり、しかも投手は中5日、いやほとんどは中6日で投げている。それなのに「アメリカが120球で交代しているからそれが先発投手の限界なのだろう」という考え方は固定観念以外の何ものでもない。

人として生きる以上、人生と仕事は切っても切り離せないものとなる。人間は仕事でもって人生を生き抜いていき、仕事のなかで人間形成がなされる。裏を返せば人格が仕事の成否を左右するのである。

人間形成、人格形成。そういうことは仕事をやっていくうえでいちばんの基本になる。だから昔から、世のため人のために一生懸命に頑張れ、といわれてきた。それが結果的には全部自分に返ってくるのだからと。だが自己愛に生きている人間は、なかなかそこまで人格者にはなれない。

上原にしても、自分が投げ続けるのと不安定なリリーフ陣に託すのでは、チームが勝つ（＝上原に勝ち星がつく）確率は大きく変わることはわかっていたはずだ。もしかしたら首脳陣から交代を打診されたときも、本音はまだ投げたかったのかもしれない。だがそれを口にできないことが、上原に欠ける真のチーム優先意識である。

チーム優先主義というと「譲る」「我慢する」ばかり前面に出されるが、「おれがエースなんだから最後まで投げる」「勝つためにはおれが投げ切る」と自己主張するのも立派なチーム・スピリットである。

エースと呼ばれる以上、エースとしてマウンドに上がる以上、20勝するのではなく、20勝0敗にするぐらいの気概が求められる。まして常勝を義務付けられる巨人のエースであるならば、その思いは誰よりも強くもたなくてはならない。

エースは鑑でなくてはならない

多くの評論家はエースや4番に対して好意的である。常識的に考えても、活躍することが多いから彼らはエースや主砲と呼ばれるのであって、打たれたり、チャンスで凡退したりする機会は、他の選手に比べたらはるかに少ない。そのため彼らが結果を出さなくても「まぁ、人間ですからこういうときもありますよ」で済まされてしまう。

ところが、私はそういうときにかぎってあえて厳しくいう。上原、松坂、城島、松中、高橋由伸（巨人）、清原、古田、阿部、井川、川上——彼らのプレーを褒めたり評価したりすることもけっこうあるのだが、他の人が批判しない分、私の言葉が目立って、「野村は一流選手に対して辛口だ」といわれてしまう。

だがなぜ私が彼らに厳しくいうのか。エースや主砲の使命が、勝つ、打つといったことだけではないからだ。彼らのもつ大きな使命とは、チームの鑑《かがみ》になることだ。

監督としては、練習態度やゲーム中での考え方、チームスポーツとしての取り組み方がわかっている中心選手がいると実にありがたい。「上原を見習え」「古田を見習え」、そういうだけでチームが正しい方向に向かう。

逆にちゃらんぽらんにやられると、チームにマイナス要素が働く。「監督はベテランには何もいわない」「怒られるのはおれたちばっかりだ」とチームが分裂してしまう。

練習態度から食事の摂《と》り方、自己管理の方法までしっかりしたものをもっている選手はすべてに模範になる。

南海で中心選手になってから、私はバッティング練習でも、「おまえら、おれのバッティングよく見とれよ」という気持ちで練習したものだ。

それぐらいいい意味でうぬぼれて自分を鼓舞していたから、ちょっとやそっとのけがでは試合を休まなかった。いや、休むのが嫌だった。休むと何か損するような気がした。

けがをしても出る者とすぐ休む者。それはけがした時点での考え方で分かれる。

私はけがをしても常に出る方向で考えた。出るにはどうしたらいいか、なんとかならないものかと手を尽くした。鉄人、衣笠祥雄（広島）などはまさにその典型である。連続試合出場の記録という大目標があったからよけいに弱音など吐けなかったのではないか。

一方、「無理することないな」あるいは「これで休めるな」と思うと、もうその時点で無理してでも出よう、気合で乗り切ろうという気持ちは湧《わ》いてこない。

私も連続試合出場にこだわったが、その数字が途切れた晩年にこんなことがあった。前の晩から背中が痛くて寝返りも打てない。翌朝起きても痛みは治まるどころか、むしろひどくなっていた。

その日はちょうど東京球場でのダブルヘッダーだった。なんとかユニホームを着て、試合が始まるまでに治まるだろうと思ったのだが、バスの背もたれによりかかることもできない。グラウンドに出ても、当然ウォーミングアップどころではない。

これではしかたがないと、当時巨人のお抱えだった吉田整骨院にタクシーを飛ばした。「昨晩から背中が痛くて体を動かすこともできない。診てもらえませんか」とお願いしたのだが、巨人と契約しているものだから、立場上他チームの選手を勝手に診るわけにはいかないらしい。吉田先生も「巨人の許可を得てから来い」という。とはいえ、日曜日で巨人の事務所は閉まっているし、どうしようもない。しかたがないから外にずっと立っていた。

そうしたら奥さんが出てきて、「いいから入りなさい」となかに入れてくれた。それからはあっという間だった。裸になると、背中を触りながら、「ああ、これだ」といって、ちょこちょこっとくすぐる。くすぐったくて笑いそうになったら、その一瞬に「ガツッ」と背中の肉をつかんで……それはすごい痛みだったが、すぐにつかんだ手を離して、「よし、治った。行け」と。こわごわ動かしてみたら、全然痛くない。本当に治ってしまった。

医者に行くことを決めた段階で第1試合は諦めて、第2試合に出られればと思ったのだが、第1試合の9回に間に合ってピンチヒッターで出場した。

われわれの時代は、私にかぎらず王でも長嶋でも中心選手と呼ばれる者はみんなそれぐらい休まないことにこだわっていた。特にこのふたりはオープン戦でも絶対に休まず、そのことに私は敬意を払っていた。

その意味では、ここ数年の阪神の躍進について、私は金本知憲の存在が大きいと思っている。

彼は若かりしころにけがをして、コーチに訊かれて痛いと答えたがために休まされ、レギュラーを奪われてしまった苦い経験がある。だから痛いといわないのだという。

昨年などは死球で骨折したのに医者にさえ行かない。その結果が連続試合出場記録となって、いつの日か衣笠の記録を抜くかもしれない。

その金本が入って阪神の選手の意識が変わった。赤星もわき腹を打撲していたらしいが、試合に出続けている。ベテランの中心選手がけがをしても休まずに頑張っている姿を見たら、若い選手は少々のことでは弱音を吐けない。金本が入ってからの阪神は、首脳陣があれだこうだうるさくいわなくとも、チームが自主的に正しい方向に進んでいる。

だからこそ私は中心選手と呼ばれる者にはうるさくいう。エースと4番は鑑でなければならない。彼らの行動にチーム全体が正しい方向に進めるかどうかかかっているのである。

中心になる選手がいるからチームはうまく機能するのだ。

自己中心は致命傷

上原を見ていると往年の近鉄のエース、鈴木を思い出す。300勝投手で、コントロールは抜群。まさにエースと呼ぶのにふさわしい投手だった。

ところが彼は、連投している投手を少しばかにしたような言い方をしたことがあった。

「そんな、チームのために意気に感じて投げて肩を壊したら、誰が保証してくれるんだ」

当時は3連戦の頭に先発したエースが、状況によっては第2戦、3戦にリリーフすることは珍しくなかったが、彼は「おれは絶対にいかない」と頑としていかなかったそうだ。

一度、西本幸雄監督に「優勝争いをしている大事な試合に、鈴木はどうして自分からリリーフを買って出ないんですか」と訊いたことがある。

「ここで鈴木が出てきたらうちが勝てる試合も勝てなくなる」

そんな試合が何度もあったし、プレーオフのような短期決戦でも出てこないだけに、私には不思議でならなかったからだ。

ところが逆に西本さんのほうから、「野村からあいつにいってくれよ。あいつにエースというのはそういうもんじゃっていう話をしてやってくれ」といわれてしまった。

無理しない、意気に感じない、そういった鈴木の思いは相手チームだけでなく、味方もしっかり感じていた。だからあれだけの投手で、誰も文句がいえないほどの数字を残しているのに、監督になってからは成功しなかった。人望がない、自己中心的と映る……。組織のなか、チームのなかで生きていく以上、自己中心というのは致命傷となる。ちなみに、自己中心的行動は甘やかされて育った結果出やすい。

阪神のエースだった村山実は、自分でローテーションを決めて、巨人戦に合わせてコンディションを整えていった。選手でありながら監督みたいなことをやっていたのだ。

特に当時は巨人戦しか注目されないものだから、テレビ中継のある巨人戦には全身全霊で投げて、そのあとのカードが広島だったりするともう手を抜いて、逆に痛い目にあう投手がどこのチームにもいた。阪神時代の江夏などはまさにその典型だったのではないか。

当時の監督の藤本定義さんは村山に気を遣って、おまえの投げたい試合を書いておけとスケジュール表を渡したそうだ。

しかし、そこまですると意気に感じる以外の心理も生じてくる。ただでさえ巨人打線はONを中心に強打者揃いで手ごわい。そこに相手の先発がエースの堀内となるとますます分が悪くなる。だから相手が堀内だとわかると、堀内の登板日は避けて違う日に投げる。

結局、村山にとって不運だったのは、30代のうちにプレーイングマネージャーになってしまったから、それまでのわがままさ、自己中心さがおのずと選手に伝わってしまった。

エースに無理してでも投げてくれ、このピンチでいってくれといっても、選手は「自分は選手のときに勝手なことをしといて、監督になって何や」と反発する。不協和音が生まれ、チームとして機能しなくなる。

投手が監督になると、えてしてこういった事態を招く。投手が監督になることが不向きだといってるわけではないが、わがままで自己中心的でも許されてしまう投手だからこそ、自分が指揮する立場になったときに、選手に自分がやらなかったことを押しつけられなくなる。いや、たとえ押しつけたとしても選手はいうことは聞かない。

前述したように、「思考が人生を決める」といわれている。人生の評価と人間性の評価は相重なっており、成功も幸福も、能力を発達させるだけでなく、何よりも人間的な成長が不可欠となる。

だからこそ「どの道を取ったか」「何を選んだか」という小さな選択肢が、周囲に影響を与え、その人間の評価につながり、そして最終的にはその者の人生を運命付けていくのである。

上原は将来、監督になりたいとは思っていないかもしれない。それでも彼がその時代のナンバーワン投手であったという功績を残すには、もっとチーム優先主義に徹しなくてはならない。

それができなければ、せっかくの長けた才能も、プロ野球史というなかで見るとまあまあいい投手だったという評価で終わってしまう。そうやって人々の記憶から消えていったかつての大投手は何十人もいる。

鉄は熱いうちに打て

石井一も また同じような問題点を抱えている。

彼はメジャーでも簡単に2けた勝ってしまうほどの資質があるのに、勝ち星が続かない。被本塁打が多く、黒星が多いからチームからは信頼されない。

日本でも米国でも、今ひとつ一流から超一流の域（安定感）まで達しきれないのは彼の性格にあり、それは指導者であった私の責任でもある。

平成元（89）年、私がヤクルトの監督就任した直後のドラフトは野茂英雄（ニューヨーク・ヤンキース）に8球団が競合した年である。その他にも潮崎哲也（西武）、与田剛（中日－ロッテ－日本ハム－阪神）、佐々木（横浜）らそうそうたるメンバーがドラフトで指名されたなか、ヤクルトは西村龍次というアマ球界ではどちらかといえば無名だった投手を指名した。

ちなみにその年の2位が古田である。

2年目は1位で岡林洋一、3位で高津を指名したのだが、その年のドラフトの目玉は、ロッテが指名したものの入団拒否した小池秀郎（近鉄－中日－近鉄－楽天）だった。

岡林はどちらかというと技巧派で、コントロールがいいという半面、あまりプロでの伸び代《しろ》が感じられなかったが、まさか2年目でヤクルトのエースを任せられるなど、当時の私には想像もできなかった。

そして3年目の指名が高校生だった石井一である。高校生といえども、私の評価は相当に高いものだった。左ピッチャーで球は速い、ノーコンだが、これはモノが違うなと感じた。

ヤクルトで9年、阪神で3年、あわせて12度のドラフトを経験したが、そのなかで私が満足いくドラフトだったのは、この石井一と翌年の伊藤智だけである。あとはスカウトから「うちには来ません」「うちの資金では……」という言い訳ばかりを聞かされてきた。

石井一は高校生といえども150キロ近い球を投げていた。それは期待もしてしまう。

2年目でヤクルトをAクラスに押し上げたものの、まだ優勝できず、次は3年目。自分に求められる要求もだんだん厳しくなってくるだけに、「こいつにやってもらわなきゃ」という気持ちもあった。

それに投手というのは、やはり気分よく心身ともにベストの状態でマウンドへ送ってやるほうが力を発揮する。しかし結果として、こうした考えが彼を甘やかしてしまった。

石井一は入団1年目の途中から1軍に上げて12試合に登板、2年目からローテーションの一員として投げさせた。まだ早いなという気持ちを常にもちながら、それでも2年目には19試合に投げ、3勝（1完投）を挙げた。

鉄は熱いうちに打てというが、やはり打っておくべきだった。そうすれば彼の人生はもっとすばらしいものに変わっていたはずだ。

メジャーに行っても、ストライクが入らない自分にイライラして、最後は長打を食らって自滅してしまう。日本と同じ過ちを犯しているのを見ると、人間教育は大切だと痛感する。性格的には悪い子ではないのだが、こうした人間形成がしっかりできていないだけに、好不調や運、不運、あるいはいつもはストライクを取ってくれるコースを審判にボールといわれたり……、そういったちょっとしたことで崩れ、自分を見失ってしまう。彼がそのすばらしい才能をもて余してしまっていることが、私は残念でならない。

個人主義が結集してチーム優先となる

よくこんなことをいわれる。「野村さんはチームプレーを優先されますから、個人タイトルや記録なんかもってのほかでしょう?」と。

たぶん私の常日頃の言動からそういったシビアなイメージをもたれるのだろう。

確かに私の考えは常にチーム優先、チームの勝利を第一に考えている。しかしだからといって個人記録はまったく無視するかといえば、そうではない。選手の成長のためには個人記録やタイトルは絶対に必要なものである。

ヤクルトの監督時代、4年目のドラフト1位で獲得した選手が伊藤智だった。彼は、それはすばらしいほどピッチャーとしての素質に恵まれていた。性格も投手向きだ。度胸がいい。そして球が速い、キレもいい。鋭いスライダーもある。そして何より投手の必修条件であるコントロールもいい。

ある神宮での広島戦。伊藤智が完投して勝った試合のあと、都内の寿司屋に女房と行ったのだが、そこに偶然、当時広島に在籍していた金本が来ていた。

「ああ、お疲れさん」と切り出したら「参りました」という。伊藤智のことをいってるのはすぐわかった。

そこで彼に「バッターから見て、伊藤智というピッチャーはどうなんだ」と訊いてみた。

伊藤智は鋭いスライダーをもっているが、金本は左打者である。私自身の経験からいえば、私のようなヤマ張り打者（D型）でも、左投手のスライダーやカーブなど自分の体に向かってくる変化球はヤマを張らなくてもA型で対応できた。

ところが金本は、「あのスライダーはちょっとやそっとじゃ打てませんよ」という。

「彼のスライダーはフォークボールと考えなきゃいかんです。スライダーだと思っていたら打てません。それぐらい鋭い。あんなスライダーを放るピッチャーは、ぼくは今まで見たことありません」、そう褒めちぎっていた。

投手としてすばらしい資質、財産をもっている。ところがこのすばらしい資質が彼の投手としての寿命を縮めてしまった。

すぐに肩痛が起こる。関節には可動域というのがあるが、彼はその可動域が他の投手よりはるかに広いがために、腕全体がバネのようになってあのすばらしい球を生み出していた。だが、負荷がかかりすぎて炎症を起こしたり腱を痛めやすい。しかも可動域が広すぎることから炎症部付近の神経がその炎症部に触れてしまうのだ。

何度か故障を繰り返し、長期離脱せざるをえなくなって懸命なリハビリで復活を目指していたとき、「もう少しバックスイングを小さくしたらどうだ」とアドバイスしたことがあった。ところがそれでは、「腕が柔らかい」「長い」「その腕が体の後ろから遅れてくる」という彼の特徴が消えてしまう。

結果的に彼は復活し好投したが、また痛みが再発してすぐに治療、リハビリの生活に戻ってしまった。本当にもったいないというか、不運な野球人生となってしまった。

記録的にはそれほどでもなかったが、ファンの記憶に残る投手だったのではないだろうか。

ある日、彼に記録を残させてやるチャンスが訪れた。忘れもしない、彼が1年目の金沢での巨人戦。0対0のまま、最後は篠塚和典にサヨナラ本塁打を浴びて敗れた試合があった。

この日、伊藤智は16三振を奪っていた。

試合が終わってからチーフ格だった丸山完二コーチがいってきた。

「もうひとつ取っておけば新記録だったたんですよね」

私は急に腹が立った。「おまえ、今ごろ何いうんだよ。監督はひとつふたつなんて、おまえみたいにのんきに三振の数なんて数えてる暇はないぞ」と。

ただそのあとに続いた私の言葉を聞いて、丸山は驚いたようだった。

「わしの記録なんかはたいしたものじゃないが、記録をつくるチャンスというのはそうそうはなかった。どうして早めにひと言いわないんだ」

古田に尋ねると、古田も知らなかったという。誰かが教えてくれていれば、こっそり伊藤智に耳打ちして「1試合の（奪三振）新記録は17や。ここまできたら狙ってみい」と指示することができた。

確かに0－0の息詰まる投手戦で三振を狙うというのはいいことではない。狙ったところで簡単には取れないかもしれない。しかしたとえ無理でも、狙ってだめだったというほうが伊藤智なりに納得ができただろう。いや、当時の彼なら十分記録は達成できたと思っている。

それから何度か似たようなことがあった。選手に記録がかかると私は「狙ってみろ」という。丸山コーチからは「監督は情をかけすぎですよ」といわれたことがあった。「選手は一生懸命やってんだ。（記録を）達成させてやりたいと思って何が悪い」と反発したが、確かに指揮官である以上もっと冷酷にならなくてはいけないのだが、情をかけるのは私の最大の欠点だったかもしれない。

よく負けゲームといわれる試合がある。序盤に大量点を奪われ、反撃したいが相手はエースだったり、あるいは相手投手が絶好調で打つ手がなかったりでどうしようもない。将来を見越して若い投手を投げさせたり、故障がちのベテランを休ませたりと、そこまで極端な采配までいかずとも、監督である私自身まだ諦めていないものの、選手のほうがもうだめだと思ってしまっているときがある。

そういった展開になると、私はよく個人タイトルや記録を口にした。

「ヒットを打って打率を上げてこい」

「打点稼ぐチャンスや」

「今日はノーマークやからホームラン狙えるぞ」

そうすると選手は戦意を喪失せず、目的意識が芽生えた状態で打席に向かうことができる。しかも時には本塁打や連打で、大勢が決していた試合が一転するというケースもある。まれなケースではあるが、個人主義が結集してチーム優先となるというわけだ。

野村への誤解というのは多々ある。

「野村は継投が大好き」

南海時代から佐藤道、江夏をストッパーに起用し、投手の分業制というシステムをいち早く築いたがためによくそういわれるが、私の基本は「先発完投」である。

完投できる投手がいるのに、勝利の方程式だのといって、無理して継投することはない。継投する場合は、今投げている投手より能力的にはるかに上回るリリーフ投手がいる場合のみである。

ところが南海時代、ヤクルト時代は完投を任せられる先発が少なかった。阪神時代にいたってはそのリリーフでさえ不安で、遠山奨志－葛西稔－遠山といった「一人一殺」、投手に一塁を守らせてまでのワンポイント継投を行ったが、本来は決して胸を張れる戦術ではない。苦肉の策というやつである。

他にもいろいろある。

「野村は1回からでも走者が出たらすぐに送りバントで送る」

相手が好投手だと確率的に連打は難しいため、そういう場合のみ送るが、初回から必ずバントというわけではない。

「野村はホームランを狙わせない」

常に狙うものではなく、私の経験から、基本は「ヒットの延長がホームランである」が、時として狙っていいときもある。しかし、現役時代の私はホームランを狙って打ったことはない。「ホームランを打てば逆転だ、勝ち越しだ」と思って打席に入るが、打席のなかでは努めて、ホームランを狙ってはいけない、ホームランを欲しがってはいけないと、無心になるべく自己コントロールをしていた。そんな器用な選手ではなかったし、狙い球を絞るのに全精力を傾けていた。

ただそういったものが正確に世間に伝わらない。野村の誤解が数多く存在してしまっているのは私の未熟さゆえでもある。

3年で獲れなければ、好運がないかぎりタイトルは獲れない

タイトルというと、私の持論に「3年で獲《と》れなければ、好運がないかぎりタイトルは獲れない」というものがある。

補足すれば、この3年というのはレギュラーになって3年ということだ。もちろん、なかには野茂や上原や松坂のように新人の年にタイトルを獲る者もいるが、王やイチロー、松井、落合らタイトルの常連となり、当たり前のようにタイトルを獲るような選手はみな、この「レギュラーに定着して3年以内」の法則に当てはまる。

南海時代のチームメートである門田博光は、年をとるに従ってタイトルを争う地位に定着したように思われているが、彼も南海に入団して2年目で打点王を獲っている。1年目は79

試合だから、レギュラーになって実質1年目だ。

逆にポジションをもらって、それで3年が過ぎてもタイトルが獲れないと、なかなか獲ることはできない。

もちろん例外はある。原辰徳（巨人）や掛布雅之（阪神）、私がヤクルト監督時代の広沢のように、タイトル争いの候補に入れられながら逃してきたものの、それでもなんとか努力して、野球人生の中盤、あるいは晩年で苦節何年といわれながらついに獲得する選手もいる。だがそういった選手は不思議となかなか続かない。

現役の選手でいうと清原がそうだ。落合を上回る500本を超えるホームランを打ちながら、まだ無冠である。

タイトルには運の強さや勝負強さも必要だといわれるが、清原にそういったものがないかといえば決してそうではない。最近でこそチャンスで凡退するシーンが目立つが、若かりしころの彼は、オールスターや日本シリーズ、ここぞという大舞台でよくホームランを打っていた。一流選手、スター選手になる要素として運はつきものだが、だいたい桑田とともにKKと呼ばれ、高校時代からスポットライトを浴びていた彼の野球人生はまさに強運の賜物《たまもの》である。

その他、立浪和義（中日）、高橋由も無冠だ。高橋由の場合、今後にチャンスがあるかもしれないが、同年代で1年違いでプロに入った福留孝介（中日）と比較してみるとおもしろい。

入団時は明らかに高橋由のほうがレベルが上で、毎年のように首位打者候補に挙げられていた。一方の福留は遊撃手としてプロに入りながら、守備の不安から外野にコンバートされ、故障もあってなかなか期待に応えられなかった。それが外野手として定着した平成14('02)年に、松井の三冠王を阻む首位打者を獲得した。

その後のふたりはご存じのとおりである。福留は今年こそタイロン・ウッズに譲ったものの、優勝した平成16年は4番を任され、死球で骨折した終盤まで落合監督がつくると宣言していた日本人の4番（実際は「4番は右打者で」といっていたが）を担った。今季もホームランこそ多くはないが、打率はベスト10に入っている。一方の高橋由は故障が多くなり、打率では3割前後は確実に打つのだが、タイトル争いの本命に挙げる者も少なくなってきた。

なぜ私が3年にこだわるのか。実はさして根拠はない。ただ若かりしときにタイトルを獲ってしまうと、残りの長い人生をゆったりと腰を据えて過ごすことができる。

調子がいいからとタイトルのことがちらちら頭に浮かぶ、連日マスコミから質問を受けることでいやが応でもタイトルを意識させられる、新聞のランキング表が気になってしまう――そんなことではなかなか実力は発揮できない。

また「三つ子の魂百まで」というが、若いときに学んだ経験や学習はあとになって必ず活き、逆にそのときに苦労しなかった選手、考えなかった選手はベテランになってからも同じ過ちを繰り返す。

いわば私の「タイトル3年以内」説は教育と同じである。

古田は入団2年目の平成3(91)年に首位打者を獲得した。

もともと「打撃は2割5分でいい」といい、守備を期待していた選手である。実際1年目は2割5分程度しか打てなかった。

それが2年目、突如目覚めたように打ち出し、ここで1本ヒットを打てば落合を抜いて首位打者になれるという試合で見事ヒットを放ち、タイトルを獲得した。

捕手と打者というのは心理が連動している。捕手の心理が、みずからが打席に立ったときに活かされる。特に結果球（ヒットや凡打になった球）と次打席の初球などは関連性が強い。

たとえば真っ直ぐをホームランした次の打席。打者心理としては「おれは真っ直ぐをホームランにした。もうおれには怖くて真っ直ぐは要求できないだろう。ここは変化球だ」とうぬぼれに近い心理をもつ。すると捕手は、打者の心理の習性を知っているからこそ、変化球を狙っているかもという警戒心をもち、もう一度真っ直ぐで入ろうとする。

古田ぐらいの捕手になると、打席でこう変わる。「〝おれは真っ直ぐをホームランにした。もうおれには怖くて真っ直ぐは要求できないだろう。だから変化球狙いだ〟とおれが考えているとキャッチャーは思っているはず。だったらもう一丁真っ直ぐを狙ってやれ」と。つまり裏の裏をかける。

首位打者のかかった試合、広島の先発は若い足立亘という投手だった。スリークォーターから威力あるスピードボールを投げるが、コントロールはよくない。A型で臨めないことはないが、右打者の背中のほうから球威のある球を放ってくるため、中途半端では腰がひけて打ち損じる結果となる。そこで試合前、古田に「首位打者のタイトルがかかってる試合だ。山本浩二監督の性格なら真っ直ぐ勝負で来るよ。思いきって真っ直ぐを狙っていけ」とアドバイスした。

古田はこの緊張する場面で本当に真っ直ぐを狙った。そして三遊間を抜いて、劇的な首位打者を獲得した。

あれから古田という打者の人生が変わった。時には4番を打ち、勝負のかかる場面で数々のヒットを打ち、勝負強い打者といわれるようになった。1年目のユマキャンプでは前に打球が飛ぶことさえまれなヘボバッターだったのが、30本塁打以上打つ年もあり、そして平成17年には2000本安打を達成した。私は彼が配球学を打撃に活かしたと思っている。

ただそれらを総じてみれば、2年目で首位打者を獲ったのも大きかったのではないか。

「自分は打撃は得意ではない。まわりからもあまり期待されていない」

自信家の古田だけに、そこまで謙虚な気持ちはもっていなかっただろうが、選手の心理まで変えてしまう、それほど野球選手にとってタイトルというのは意義があるものだ。

意外な選手に感謝されていた

監督をやった人はみな、選手が活躍したり成長すると、「誰のおかげだ」という。親の心子知らずといわれるが、これはもうどの世界も同じだ。

ヤクルト、阪神と監督をやって、多くの選手が年賀状ぐらいはちゃんと寄こすが、古田からは年賀状も来ない。2000本安打を達成したときに古田がインタビューを受けているのをテレビで見たのだが、アナウンサーがもう無理やりそういうふうにいいなさいと仕向けているような質問をして初めて「野村さんに感謝しています」と答えていた。しかもただそのひと言だけ。いかにも無理やりいわされたという感じで、私はいい気持ちがしなかった。

感謝というのは大事なことだが、難しいものでもある。口に出していわないほうがいいのか、心のなかで感謝していればいいのか。なかには口では何とでもいうが、心のなかでは舌を出している者もいる。ただ、黙っていたらわからない。短い言葉でも人を感激させ、感動させることができる。まさに「言葉は力なり」。言葉がなければ、何も伝わらない。

日本では年賀状や暑中見舞いといった風習がある。お中元やお歳暮を贈る風習もあるが、簡単な年賀状をもらうだけでも気持ちは通じる。しかし古田からはそれが一切ないから、正直彼が私のことをどう思っているのか私にはわからない。

私が育てたと自負する選手のなかでは、石井一からも年賀状1枚来ない。ただ彼の場合はわかる。年賀状だけで人を判断してはいけないかもしれないが、彼の性格とでもいうのだろうか、常識を心得ないところがあって、人と感覚が違うのだ。私にはそれがマナーの欠如と映ることもある。彼に対しては私のなかで「自分の教育が足りなかった」「試合で使いたいばかりに人間教育を怠った」という反省がある。結婚もしていることだから、奥さんが内助の功を発揮して夫の支えとなるべきである。

しかし古田に関しては、「教育した」という達成感があるだけに、なかなか納得できない。まあ彼に関しては、私も人間教育以外にも全身全霊をこめてあらゆる指導をし、超一流まで育てあげたという気持ちがあるため、求めるものが大きいのかもしれないが。

ところが、意外な選手に感謝されているということもある。その代表的なのが桧山である。阪神時代、桧山に対しては叱ったことはあっても、野球はこうだ、人生とはこうだと懇切丁寧に指導した記憶がない。

阪神でいえば、私が目をつけてドラフトの下位で獲得した選手、赤星、藤本、沖原佳典（楽天）、あるいは私が必死に指導した矢野や福原忍、田中秀太など。こういった選手は東京ドームでも阪神の遠征先のホテルでも、たまたま私に会うと挨拶に来る。

先日もあるホテルにいたところ、阪神の選手たちが試合から戻ってきた。おそらくホテルの従業員が「野村さんがいますよ」といったのだろう。岡田彰布監督、平田勝男ヘッドコーチらが挨拶に来たが、選手で真っ先に来たのが桧山だった。

平成15年、確か優勝した翌日の新聞だったと思うが、彼のインタビューに目を通し驚いたことがある。

「野村さんが阪神の監督だったときは、いっていることがよく理解できなかったんですが、今になってやっとわかってきました」

「場面、場面で、あっ、野村さんはこういう場面のことをいってたんだなというのを思い始めた」

確かそんな記事だった。

最近のゲームを見ていても、私が監督時代の桧山ならどんな場面でもイケイケで、技術だけで対処しようとしていたが、「終盤のチャンス、ここで1点でも入れば試合に勝てる」という場面だったり、あるいはいい投手相手に攻略の糸口がないといったときには、本来A型の彼がC型やD型を使い分けている。彼の打撃に工夫が見られるようになった。

赤星がテレビで「野村さんのおかげです」というのは何度も聞いた。本人に会ったとき、「あまり野村、野村というと、今の監督に嫌われて使ってもらえんようになるぞ」と冗談をいったことがあるが、「それでも構いません」とうれしいことをいっていた。それはそれで気持ちがいいものだが、桧山のように思ってもみなかった選手から感謝を受けるのも指導者冥利に尽きる。

それにしても人生はまさに一期一会だなあと思う。赤星、藤本は阪神のドラフトリストに名前はなかった。赤星はアマからのキャンプ参加、藤本は社会人選手権大会の観戦に行って、遊撃手を探していたときに目に留まった選手である。

ヤクルトでは高津、宮本、稲葉。彼らもよくテレビなどで口にしてくれている。土橋は無口な性格なのでそういった言葉をメディアを通しては聞いたことがないが、会えばきちんと挨拶はできる。三木肇という内野の控え選手、彼はドラフト1位なのだが、高卒で私が在任中はあまり接する機会はなかったのだが、彼もたいへん律儀だ。

ヤクルトで意外なのは加藤博人という左腕投手。彼も無口な選手で、ミーティングなどで彼が話していた記憶がない。今思い出しても、あれっどんな声だったっけと考えてしまう。

彼は今、四国のアイランドリーグで投手コーチをやっているのだが、先日テレビでそのチームを特集していたとき、彼が一生懸命『ノムラの考へ』を選手に教えていた。当時、私がボードに書き込んだカウントによる打者心理や投手心理をメモしたノートを大切に取っておいて、それをもとに教えていたのだ。

わからないものだ。「あの加藤がな」というのが正直な感想だった。

12球団を見渡してみても、ソフトバンク・尾花高夫、ヤクルト・伊東昭光、西武・荒木大輔と、3球団の投手コーチがヤクルト出身である。投手コーチといえば、私が打者心理や配球など指導の大半を占めた部分を担当するコーチであり、彼らはミーティングに多くの時間を割き、データを集め、ブルペンではクイック投法や、「セットポジションでは少しでも長くボールをもて」と投手に指導していると聞く。

決してヤクルト出身者だけが優秀であるといっているわけではない。

ただ私との縁を大切にし、「考えないより考えるほうがいい」「知らないより知っていたほうがいい」と私にいわれ、「なるほど、そうだな」と思い、ノートをこまめに取り、そのノートを保存し何度も読み返す。こうしたちょっとの差が、いざ自分が指導する立場になったときに活き、あるいはコーチや監督という地位を得るためのチャンスとなる。

逆に出会いや縁を無駄にしてしまう選手は、将来の可能性まで狭めてしまうのである。

未来創造能力

巨人の低迷で、今年のまだシーズン半ばというころから次期監督問題が囁《ささや》かれ始めた。2年前に辞任した原前監督をはじめ、中畑清、江川といったOB、さらには阪神シニアディレクターの星野氏まで候補に挙がった。だが正直な感想をいわせてもらえば、誰が監督を務めても現状の巨人では大きな変化を期待するのは望み薄だろう。

FA補強や大物外国人に頼ったツケなど、問題点を挙げればきりがないが、これらをすべてまとめていうのならば、近年のフロント、そして歴代の監督に「未来創造能力」が欠けていたからである。その能力の欠如が、今の巨人の惨状を生んでしまったのである。

仕事をするうえで必要なこととして3つの能力が必要とされる。「問題分析能力」「人間関係能力」、そして最後のひとつが「未来創造能力」である。

チームというのは生きものである。日々変化していくチームの未来をどうやってつくりあげていくか。そこを無視してしまうとチームはいつかは崩壊することになる。

清水、仁志敏久、二岡智宏。ここ数年、巨人の1、2番打者はこの3人が務めているが、私から見て、どの選手も1、2番の適性に欠ける。

まず清水だが、平成14、16年にリーグ最多安打を記録した打者ではあるが、1番打者の仕事は出塁であって、ヒットを打たなければいけないわけではない。ましてや清水という打者は早打ちだ。1球目に手を出して凡フライとか、相手投手の調子や捕手の配球を見たいとみんなが思っているのに、投手に多くの球を投じさせることなく簡単に打ち取られてしまうとベンチはしらけてしまう。

1球目から打ってもいいのだが、そこには条件がつく。
①内容的に90%以上のいい当たりをする。
②2番打者が粘っこい打者である。

③2番打者に1球目から打っていく許可を得る。

攻撃はあくまでもクリーンアップを打つ打者が中心であることを忘れてはならない。仁志、二岡もよくいえば攻撃的、悪くいえば自己中心的な打者であり、犠牲心が求められる1、2番には適さない。右打ち、バント、エンドラン、あるいは少々高度だが、盗塁した走者のスタートを見て、「アウトになりそうだ」と思ったらカットし、「セーフだ」と思ったら見逃す——こういった条件付きバッティングはしたことがないだけかもしれないが、少なくとも彼らからそういった打撃を企てようという意思は見られない。

松井が抜けたあとの、ここ数年の巨人首脳陣の4番打者の選択にも私は疑問を抱く。原前監督はロベルト・ペタジーニを獲得したにもかかわらず、清原を起用した。堀内監督は就任1年目、高橋由を抜擢した。いずれもその起用の根拠は「日本人選手」であるということだ。堀内監督はそこに「生え抜き」という条件を加えた。

確かに数年でチームを去ることになる外国人選手より日本人選手が4番を務めてくれれば、それほどありがたいことはない。ただ4番のもっとも大きな役割は「全試合に出場する」ことであり、常に「打線の中心に存在する」ことだ。「中心なき組織は機能しない」というのが組織論の原則といわれるが、すばらしい4番打者のいるチームは常に優勝を争う上位にいることができる。逆に自分勝手な4番打者や故障で長期離脱するような4番打者では、そのチームの成績は下降する。野球というスポーツはまさに組織論の原則と一致する。

常に試合出場が課せられる4番に、故障がちで好不調の波が激しい現状の清原を起用するのはいくらなんでも無茶である。また高橋由は好打者ではあるが、前任者の松井がもっていたような「松井の前に走者を出すな」という威圧感は感じられない。高橋由はポイントゲッターというよりチャンスメイク、3番に置かれたほうが相手は嫌なものだ。

よく野球では、「つながりが大事」といわれるが、いくら打線といっても打者はその打席で結果を残すことに必死で、せいぜい「ヒットか四球で出て（または走者を進めて）次の打者につなげよう」程度の意識しかもっていない。

だが守っている側は違う。「この打者を出したら4番まで回ってしまう」「次の打者は○○だから、なんか仕掛けてくるかもしれない。塁に出したらやっかいだ」「次に代打が出てくるかもしれない」「次の回にまたクリーンアップに回る」などとさまざまな考えをする。

つまり、つながりというのは相手が意識するものなのだ。だからこそ打順を組むときは、どうしたら相手が嫌がるかを考えて組まなくてはいけない。

相手が嫌がるかどうかという点では、星野監督時代の阪神も決して適材適所ではなかった。優勝した平成15年は今岡誠を1番に起用、2番赤星、3番金本、4番は開幕時は浜中おさむで、浜中が故障で離脱してからは桧山を起用した。

まず今岡という打者だが、この年に首位打者を獲得するなど、打撃に関しては天才的ではあるが1番という選手ではない。足は遅い、走塁にはまったく興味を示さない、積極的すぎる（四球が少ない）、犠牲心がない（早打ち）。赤星という、出塁率が高く、「出塁させたら足でかき回される」と相手バッテリーを悩ませる選手がいながら、なぜ1番で使わないのか不思議でならなかった。

また4番は巨人でいったような「中心の存在」という意味でも、金本という適した選手がいる。彼はまず何よりも試合を休まない。ちょっとやそっとのけがでは痛がらない（実際、平成16年は骨折しながら連続試合出場を続けた）。またチームへの忠誠心も強く、相手投手がストライクを取るのに窮々としている場面で、早いカウントから打って出て相手投手を助けるようなことも少ない。

たぶん星野監督も同じようなことを感じていたと思う。ただ今岡が首位打者を獲得し、先頭打者本塁打を連発し（実際には、相手側から見れば先頭打者本塁打というのは、それほどショックは受けないのだが）、赤星、金本の2、3番も予想だにしない効果を発揮した。金本は一塁走者の赤星が好スタートを切ると、打ちごろのストライクでも1球見送っていた。通常、右打者には一塁走者がはっきりと見えるが、左打者の視界には入らない。だが彼は内角に意識が強いため、視線も一塁走者が入る内側にあるのだろう。

金本のこうした犠牲心が、阪神にたとえ先頭打者（今岡）が出塁できなくても、赤星が出れば常に（盗塁で）得点圏に走者を置いて（一死二塁）クリーンアップに回せる、という攻撃のチャンスをつくりあげた。

岡田監督は1年目こそ前任者への遠慮が多少あったようだが、2年目は赤星、鳥谷で1、2番を形成し、4番金本、5番今岡という適材適所の打順を組んだ。

赤星、鳥谷（または藤本）の1、2番は確かに破壊力には欠けるが、足という武器がある。四球でも内野安打でも、塁に出れば相手にとってはやっかいだ。だからこそ、走者なしの場面で彼らを迎えただけで「四球で歩かせたくない」とピンチになる。1番から下位まで4番が並ぶ巨人は確かに破壊力はあるが、走者なしの場面なら「ホームランを打たれても1点だから」とさほど怖くない。この差は何かといえば、相手に与える「つながったら嫌だ」という警戒心の差である。

私は野球というスポーツは根拠に基づいて成り立っていると見ている。9つのポジション、9つの打順にはすべて役割がある。いい選手を9人集めるのではなく、9つの適材適所に合わせて選手を集め育成する。そのスタート時点が誤っていては、いいチームはつくれない。「個々の選手はすごいが、競ったら意外にもろい」、ここ数年の巨人にもち続けた印象は、チームづくりにかかわる者の意識が変わらないかぎり、いつまでたっても変わらない。

6

組織はリーダーの力量以上には伸びない

エースと4番は育てられない

今でこそ強豪チームとなった阪神だが、私が監督時代は発展途上というにも及ばない、ひどい戦力だった。エースも4番打者もいない。マスコミからは藪恵壹（オークランド・アスレチックス）がエースと呼ばれていたが、彼は制球力こそすばらしかったが、速い真っ直ぐとか鋭い変化球といった突出した球種がなく、また見た目と異なり非常にせっかちな性格だったため、味方のちょっとしたミスをきっかけに大量点を取られることが多かった。

意気に感じて投げるという意味では弱小球団のエースらしかったが、守備で足を引っ張ることの多かった阪神のエースとしては、好投していても中盤以降に大量点を取られるシーンが多く、安定した成績に結び付けられなかった。

4番は、1年目はマイケル・ブロワーズというメジャーリーガーを獲得したが、さっぱりだった。あとで知ったことだが、彼はメジャーで引退宣言していたという。そのような気持ちでは、メジャーよりはレベルが下とはいえ、日本球界で活躍できるわけがない。そんな選手を獲ってくるスカウトや編成部に阪神の元凶があった。

しかたがないから、2年目以降は新庄剛志（日本ハム）を4番に起用することが多かった。彼は気分が乗ると実力以上の力を発揮する選手で、1年目のキャンプでは投手の練習をさせたこともあるが、彼は目立つことが大好きでマスコミの注目が集まるとどんどんその気になる。スターとしての天性の素質があった。

延長戦で敬遠球を強引に打ちにいってサヨナラ打にするなど、ここで打ってほしいと思う場面で打ってくれたこともあるが、ただチャンスで確実に打点を稼ぎ、4番としてチームを引っ張っていく役目を課すには荷が重すぎた。

「組織はリーダーの力量以上には伸びない」という原則論がある。阪神が長い間Aクラスにはなれないのはそこに問題があるのではないか、と常々感じていた。

ではリーダーとは誰を指すのか。そこにはもちろん監督である私も含まれるが、球団の本当のリーダーはオーナーである。オーナーの考えが変わらないことにはチームはいつまでたっても変わらない。そこで久万俊二郎オーナーに直訴、といえば聞こえはいいが、「オーナーの考え方を根本から変える必要がある」くらいの気持ちで面会を求めた。

監督3年目の平成13年、オールスター休み中に会談が実現した。私と久万オーナーと現オーナーで当時、阪神電鉄の社長だった手塚昌利氏の3人がホテルの部屋に集まった。

まず私はオーナーに向かって、「阪神ではチーム成績が悪いと監督が次々に代えられていますが、監督を代えたらチームは強くなると思っていませんか?」と失礼を承知で尋ねた。

オーナーからは「絶対ではないが、でも監督によってチームは強くなるんじゃないのかね」という答えが返ってきた。やっぱりと思った私はこう続けた。

「監督によってチームが強くなる、そんな時代はもうとっくに終わりました。根性野球だ、精神野球だという時代は。三原さん、水原茂さん（巨人）、鶴岡一人さん（南海）——その時代はそれができた。せいぜい西本さん、川上さんまでです。またちょっと頭のいい、知恵の働く監督が出てきて、魔術や管理野球と呼ばれる、そういうのも今の時代ではありえません。私自身、野球界に50年近く携わってきましたが、今は日本人選手もＦＡの資格さえ取れば、簡単にメジャーに移籍できる。日米野球などで交流もさかんだし、メジャーの実況中継も毎日やっているから、アメリカからの専門知識もどんどん入ってくる時代です。野球の本質、戦略、戦術を含めて、もう出尽くしています。今さら新しいものは考えつかない時代になっているんです」

さらにこういった。「今の野球はお金がかかります。オーナーをはじめ、プロ野球のトップのかたがたが野球界をそういう方向に向けてしまったんじゃないですか。ドラフトからＦＡから、優勝するためにはお金がいるんです。何よりも野球選手は年俸で評価されるものなのですから」

今でこそ阪神は年俸が高くなり、１億円プレーヤーが何人もいるようになったが、当時は１億円を超える選手なんてひとりもいない。チーム総年俸でも12球団で真ん中より下。巨人の10分の１しかなかった。

そんな話を一方的にしていたら、久万オーナーがだんだんかっかし始めた。

「じゃあ、きみは今、巨人のやってることが正しいというのかね」

「ある意味では正しいと思いますよ。時代に合っています」

そういうと、まるで怒りに火がついたようにオーナーの顔が真っ赤になった。

「きみはいいにくいことをはっきりいうね」

オーナーを激怒させるつもりはなかったが、ここで黙っていては阪神は何も変わらない。よけいなことだと思いつつも思いきっていってみた。

「オーナー、生意気なことをいうようですが、〝人間3人の友をもて〟というじゃないですか。原理原則を教えてくれる人、師と仰ぐ人、直言してくれる人。オーナーには直言してくる人がいないんじゃないですか。みんなオーナーが気持ちよくなる話しかしてこないでしょう。人間偉くなるとそうなるものです」

そうしたら久万オーナーは、ぼそっと「それはそうだなあ」とおっしゃった。

私は続けた。「私は経営のことはわかりません。でも野球に関してはオーナーより私のほうが詳しい。専門家です。野球界を知るという意味での経験もオーナーよりはずっとあります。今日は阪神のために、ファンのために、このままじゃ阪神は絶対にいけないと思って、思いきって提言に来ました。まずオーナーが変わってもらわないと、阪神は変わりません。生意気をいわせてもらいますけど、我慢して聞いてください」

それから順に例を挙げながら話した。なかでも組織論については時間をかけて説明した。

「組織もチームも中心がいないと機能しないといいます。これは大原則です。オーナー、私に監督要請に来たときに何とおっしゃったか、もうお忘れですか。〝野村くん、全面的なバックアップをするから〟とおっしゃったじゃないですか。だから私はいちばん最初にエースと4番を獲ってくれとお願いしました。ところがこれまでのドラフトは何ですか。1年目は高校生の藤川。2年目はひざを故障していた的場寛壱。3年目はひじを壊している藤田太陽。何が全面的なバックアップですか。外国人だって同じです。10年以上低迷してきた阪神だからこそ、即戦力が必要なのではないですか。せめてドラフトの1位、2位ぐらいは即戦力、即レギュラーを取れる選手を獲らないとこのチームは変わりません」

私はチーム運営でもっとも大切なのは編成だと思っている。ところが当時の阪神の編成といえば、弱腰で獲りたい選手を獲るのではなく、獲れる選手、阪神に来たい選手を獲るというふうに見受けられた。

私の監督1年目は松坂世代という質の高い選手が豊富な年で、阪神は大学生の上原と二岡を獲りにいったが、巨人が来たら、早々と断念した。「どうせうちの球団は金を出さないだろう」という思いが頭にあるためか、とことん競わない。

松坂を抽選で獲ろうという意欲もない。「抽選で当たっても来てくれないですから」と諦めてしまう。結局、藤川を単独指名した。

平成17年前半の阪神の快進撃は中継ぎエースに成長した藤川の存在なくしてはありえなか

ったが、藤川はここまで来るのに7年の年月を要した。その間に彼と同じドラフトで指名された選手、同じ年の選手で活躍した者がどれだけいるか。藤川が1位にふさわしくないとはいわないが、少なくても毎年最下位に低迷していた当時の阪神が指名する選手ではなかったように思う。

こういうこともいった。

「4番とかエースは育てられませんよ」

久万オーナーはこの言葉に不満をもったようだ。

「野村くんのキャリアと実績があれば育てられるでしょう」

そういわれて、私も声を大にして反論した。

「阪神70年の歴史で、4番バッターを思い起こしてください。最近ではバースだ、(トーマス・)オマリーだ、田淵(幸一)だ……、彼らは阪神が育てたのですか。連れてきたんじゃないですか。唯一、掛布だけは育てたといってもいい。ならば次の掛布が育つまであと60年、70年待ちますか」

これが私の本音であり、持論である。

巨人だってそうだ。長嶋、王、原、4番を務めた打者はみな即戦力として入ってきた。松井は高卒だが、彼の高校時代の能力からすれば十分即戦力だった。

当時の球界を見渡しても育てたといえる選手、つまりドラフト下位で指名してチームの核となる4番にまで成長していった選手は、近鉄の中村紀洋（ロサンゼルス・ドジャース）ぐらいしかいなかった。最近では岩村明憲（ヤクルト）、多村仁（横浜）といった長距離砲がドラフトの2位以降で指名された、いわば将来性を買われた選手であるが、平成16年にふたりとも40本以上ホームランを打ったといっても、まだ信頼性に欠け4番を任せるにはいたっていない。

それほど4番打者を育てるというのは難しいものである。

そんな話を延々とした。ふと時計を見たら3時間半もたっていた。「そんなに長い間話したのか」と驚いたくらい、私は阪神の改革案を夢中になって話した。もっともオーナーも「そんなに話し込んだかね」といっていたが。

後日談だが、手塚社長からスタッフを介して、「野村くんは非常にいい会談の場を設けてくれた」と伝えられた。これも直接いわれたことではないが、「野村のいうことはいちいち腹が立つけれども、よく考えると彼のいっていることは正しい」とおっしゃったともいう。

その言葉どおり、それから短期間の間にいろいろなことが変わった。本社から熱血漢の取締役が球団に出向し球団常務として編成部を含めたトップになった。スカウトや編成部員も、古くから阪神にいてぬるま湯体質にどっぷり浸《つ》かっていた面々がずいぶん辞めさせられたり、他の部署に異動させられたりした。

これは私が辞めたあとだが、私の下で監督専属広報をやっていた若い社員がスカウト部に異動した。彼は組織に対して非常に忠誠心があり正義感が強い。彼のようなタイプのスタッフが常務の下に加わり、近大や立命館、龍谷大、社会人では大阪ガスや日本生命など関西地区で野球の強豪といわれる学校や社会人に積極的に顔を出し、決していい関係になかった関西のアマチュア球界とのパイプづくりに努め始めた。

私のあとを引き継いだ星野監督も同じ考えだったのではないか。私と入れ替わりにドラフト1位で安藤が入り、翌年は和田や木佐貫洋（巨人）の獲得合戦に敗れたものの、自由獲得枠でなんとか杉山直久と江草仁貴を獲った。それまでの阪神なら、それほどリストの上位にいなかったふたりを獲ることで「妥協した」といわれたが、ドラフト5巡目で久保田を獲得した。久保田は他の球団がいくら「自由枠で獲ってもいい」と口説いても、「阪神にしか行きません」と突っぱねたそうだ。それまでの阪神では考えられなかったことだ。

そして岡田監督の1年目には大争奪戦の末に鳥谷を獲得し、2年目の新人も能見篤史、橋本健太郎が一軍で活躍している。

毎年優勝できるかどうかはわからないが、少なくてもこれから阪神は何年も続けて最下位になることはないはずだ。チームの方向性がしっかり示され、誤った方向に進もうとしても是正できる組織に変わった。

その原点となっているのがスカウティングであり、久万前オーナーの意識改革である。もちろん私のあとにもう1代、阪神のＯＢではなく、星野という外様監督を起用したのも大きかった。ぬるま湯体質、甘え体質といわれた当時の阪神には私以上にふさわしい監督だった。
そもそも星野監督を最初に推薦したのは、当時まだ現役監督だった私である。

次期監督は星野しかいない

当時の久万オーナーとの直談判で、今後チームは正しい方向に向くのではないかという予感めいたものはあった。だが方向性ができたからといって、即優勝というものでもない。組織改革と結果は、長期的ビジョンで見ればいつかは結び付くのだろうが、即効性は別問題である。

なにせ新しい選手が入ってきても、今いる選手を追い出すわけにはいかない。力が明らかに違うのに若手に切り替えたりしたら、それこそえこひいきのように映り、チームはバラバラになってしまう。まず、今いる選手の意識を改革することから始めないとならない。

そのために私は、選手に『ノムラの考へ』という私の野球観を書いた綴じ込みを渡し、連日のミーティングで考え方を変えることから始めた。

ヤクルトでも同じことをやって、9年間で4度も優勝する黄金時代を築いたわけなのだが、ヤクルトと阪神では選手の質が明らかに異なった。能力ではない。環境が与えた選手の自覚、いわば精神年齢といったらいいのだろうか。ヤクルトが大人なら阪神は子供、それぐらい阪神の選手は甘え体質だった。

私自身、大阪に本拠地があった南海で現役時代を過ごし、阪神という人気球団がいかに恵まれた環境にあり、それが決して選手にプラスになっていないことはわかっていた。

それでもオーナーの熱意に折れ、阪神を変えることに少しでも尽力したいと思ったが、実際なかに入ってみると、選手のプロとしての意識の低さは想像以上だった。

誰が甘やかすのかといえば、まずファン、タニマチ、そして在阪のスポーツ新聞である。甲子園球場はチーム状態がどんなときでもそこそこお客さんが入る。首位争いから脱落し優勝の可能性がほぼなくなった状態でも連日甲子園が満員になるということはさすがにないが、それでもけっこうなお客さんが詰めかけてくれる。広島やヤクルト、横浜、パ・リーグの球団と比べたら相当に恵まれている。

ヤクルトでは、首位争いをしているのにお客さんが入らなかった。最下位の阪神が相手なのに、スタンドは黄色いメガホンをもった阪神ファンが7割以上占めていたことさえあった。

プロ野球に携わる者として、どんなときでもチームを愛して一生懸命応援してくれるファンはありがたいものである。ただそのファンの温かさを選手が自分勝手に解釈するから、阪神という球団はおかしくなった。

選手はチーム成績が悪くなるとみんなこういう。「お客さんのためにも自分たちは一生懸命やる」と。そのこと自体は悪いわけではないが、実際には阪神の選手は優勝争いから脱落すると「チームが弱いのは知ったこっちゃない、これからは自分の（給料を上げる）ために頑張る」という理屈でプレーするようになる。チームスポーツである野球で自己中心の選手が出始めたら、その組織は勝てるはずがない。

タニマチについては、人気商売である以上、その存在を全否定するつもりはない。熱狂的なファンと思えばいい。だが阪神のタニマチは特殊だった。

選手を連れて遊びに行く。それはそれでいい。ところが、そこで監督の悪口をいう。

「あの監督は全然野球がわかっとらん。ちゃんと見ていれば、おまえを使わないわけがない」と。

阪神の監督を辞めたあと、あるパーティーで「私は阪神選手のタニマチをやっていたんです」という人に会った。「そうですか。それはお世話になりました」と何気なしに挨拶した。すると意外な言葉が返ってきた。

「こういっては失礼だけれども、野村さんが監督のときも〝ああ、阪神は優勝できないな〟と思いました。なぜかといえば、選手同士の会話が常識じゃない。〝おまえは監督に嫌われてる〟〝あいつは監督に好かれてる〟って、そんな話ばっかりしていました。選手が監督に好かれてるとか嫌われてるとかそんな次元の話をしてるようじゃ、ああ野村さんが監督になっても阪神は勝てないなと思いましたよ」

その人は良識人だったから嫌悪感を感じたのだろうが、たいていのタニマチは選手を諭すどころか、むしろけしかけている。「あんな監督、どうせすぐにいなくなるんだから、二軍に落とされてもちょっとの辛抱や」「いうことを聞いても、どうせすぐにクビになっていなくなる監督だぞ」などなど。

いくら選手に一生懸命、犠牲心やチーム主義を説いても、一歩外に出たら、選手をおだて、一緒になって監督の悪口をいうタニマチがついてまわる。これではいくら教育しても無意味だ。まさに馬耳東風である。

また大阪のマスコミでは、阪神が負けると悪いのは監督とフロントという論調になる。シーズン半ばから次の監督は誰だと話題になることもあるが、この選手をトレードに出せ、クビにしろといった論調はない。

巨人＝読売新聞、中日＝中日新聞と特定のメディアをもたない阪神では、どのテレビ局も新聞社も阪神がいちばんの人気ソフト＝商品である。だから、選手に番組や紙面に出てもらいたいという考えが働く。オールスターや日本シリーズともなると、テレビのゲスト解説の出演や新聞の手記の依頼が殺到する。そういった事情から、あまり選手に嫌われたくないというのが本音にあるようだ。

そんな実態がわかったものだから、私は1年目が終わったところでオーナーのもとに行き、辞めさせてほしいと申し出た。

「選手気質、チームの体質、伝統、選手の環境。弱いチームは南海、ヤクルトとやりましたけど、こんな人気チームで監督をやったのは初めてです。とても自信がない。私の指導には合いません」

だが久万オーナーも引いてくれない。それはそうだろう。私を監督として要請することにはファンの期待もあれば批判もあった、それでも覚悟を決め、前年までライバルチームの監督であった私に阪神の再建を託したのである。ああ、そうですかと簡単に辞意を受け入れるわけがない。

「野村さん、3年契約してるんですから、今すぐ答えを出せといっているわけではありません。基礎、土壌をしっかりとつくってほしい。優勝はともかくとして、優勝争いのできるチームをつくってほしい。契約している以上、勝手に辞められては困ります」と突っぱねられた。

そこで私は「西本さんにお願いしたらどうですか」といった。

かつて阪急、近鉄をリーグ優勝に導いた西本さんのことである。監督時代は試合前の打撃練習で、当時打撃コーチだった関口清治さん（西本さんのあとに近鉄監督に就任）を差し置いて選手に手取り足取り指導するような熱血漢だ。

ところがオーナーから意外な事実を聞かされた。

「実は西本さんは、もうずっと前にお願いして断られているんや」

そういわれたらしかたがない。だが私は無責任にも任期途中の辞意を明かした以上、なぜ私ではなく西本さんなのか説明せねばならなかった。

「どうして西本さんを薦めたのかといえば、私は今の阪神は鉄拳制裁を加えるような熱血監督でないと変わらないと思うんです。子供だって怒られると怖いからやるじゃないですか。でも私はそういう指導をしたことがない。このチームに、私がやってきた〝理をもって戦う〟戦術なんてとんでもない」

もっともそう話しながらも、軍隊教育が残っていた戦後の時代ならまだしも、今の時代に大の大人に鉄拳制裁なんて恥ずかしいという思いがあった。オーナーにも「そういうのって寂しいと思います。プロというのは本来は知力で勝負するものですよ」とも話した。

だが、阪神の選手に理に基づいて戦おうといっても、なかなか伝わらない。結局、「体力」「気力」「知力」のなかでは体力や気力重視の戦い方になってしまう。そういう意味では、一度は引き受けた私がいうのもおかしな話だが、阪神が「野村に監督を任せよう」と考えたのは、選択ミスでしかなかったように思う。遅ればせながらであるが、それがわかったからこそ、志半ばであるが1年で辞めさせてほしいといったのである。「私より適任者がいるから」という理由で。

結局、西本さんがだめという話を聞いて、断念というか監督続行を決めた。本当はそのとき、私が考えた次期監督の本命は西本さんではなく星野だった。だが、当時彼はまだ中日の監督。他チームの指揮官を推薦して、彼にすべきだというわけにはいかなかった。

ところが3年目のオフ、私が辞任する直前、星野監督も退任した。

辞任を申し出たときに後任の話題が出たが、そのとき当時の野崎勝義球団社長に「すぐ星野氏に交渉に行ったほうがいい」と進言した。「来てくれますかね」というから、「当たって砕けろですよ。だめもとで行ったらいいじゃないですか。誠意をもって話せば、野球人というのはみんな夢をもっていますから、きっと受けてくれますよ」、そう力説した。

私の読みは当たっていた。それから数日たって星野氏が受諾した。結果的にみれば私の描いたとおり、阪神は私が期待していた方向に軌道修正されていった。

星野政権2年目に優勝したとき、用事があってオーナーに面会を求めたことがあった。ひととおり用件が終えたあと、

「やっぱりよかったですね。星野で正解でしたね」というと、こんなことをいわれた。

「野村くんと星野くんには決定的な違いがある。野村くんは詰めが甘いよ」

私は「4番を獲ってくれ」「エースを獲ってくれ」というだけで、実際に誰を獲ってほしいのかもいわなければ、FA交渉に積極的に乗り出して選手を口説いたり、長嶋監督のように選手の家まで出向いて口説き落とすことなどしなかった。いや、できなかった。

オーナーに「今の制度下でチームを強化するにはお金がいるんですよ」といいながら、「いくら出してほしい」「そのためには何億円いります」などといったことがない。

外国人もせいぜいビデオを見るぐらいで、阪神監督の1年目などは、なぜなのかいまだに理由がわからないが、当時の球団社長や編成部長は獲得候補選手の名前さえ教えてくれなかった。私が知ることで何か不都合でもあるのか不満に思ったが、それでも監督権限で無理やり話させるようなことはしなかった。そういったことは監督の仕事ではなく、フロントの仕事だと思っていたのだ。

だが星野監督は違う。金本をみずから口説き、そしてフロントに伊良部を獲らせ、自身のもつパイプでトレイ・ムーアら外国人を獲得し、さらにコーチ、選手などチームの3分の1近くを入れ替えた。私が指揮を執っていた阪神とはまったく別ものといってもいい阪神タイガースをつくりあげた。

私が補強するために口を出したのは、赤星、藤本、沖原ら新人選手、それもドラフトの下位で獲れる選手ぐらいしかいない。

野村は詰めが甘い。考えてみれば久万前オーナーの言葉は的を射ている。

将来性ほどあてにならない言葉はない

在任期間中に逆指名を取り付けた鳥谷を含めれば、3年連続してドラフト戦略に成功した星野前監督と社会人選手をドラフトの下位指名した程度に終わった私は一見対照的かもしれないが、共通点もある。それは両者とも即戦力、つまり大学や社会人選手中心のドラフトを優先するということだ。

大学生、社会人＝即戦力といっても、プロに入って上原や川上、今年でいう久保康友（ロッテ）のようにいきなりローテーションに入って2けた勝てるような選手はそうは見当たらない。

だが社会人の監督になって特に感じるのだが、ワンポイントなどのショートリリーフやセットアッパーとして1イニング、2イニングならプロでも通用する社会人投手は数多くいる。逆に、高校時代はそれほど有名でなくても、社会人に入って一気に伸びる選手。その一方で、高校時代に金の卵、超大物といわれてもプロでまったく伸びず、辞めていった選手がどれほどいるか……。

確かにかつての広島、今年のロッテのようにこのチームは育てるのが上手だなというチームもある。それらのチームは育成方針がしっかりしており、二軍にも優秀なスタッフがいる。ただ広島の前田などはイチローと同じで、高卒1年目から一軍で活躍した。たまたまドラフトの下位で指名したというだけの、松井や松坂と同じ高校生の即戦力である。

またロッテも西岡剛や今江敏晃、小林宏之といった高卒選手もいるが、小林雅英、渡辺俊介、久保、薮田安彦、藤田宗一、里崎智也、小坂誠らは大学や社会人を経験した選手である。

どの時代もスカウトは「この選手は将来チームの中心選手になる」「将来タイトルを争える選手になる」「将来何勝する」「将来何本ホームランを打つ」といって選手を推薦する。だがその期待どおりになった選手などごくわずかである。

だからこそ私はいつもスカウトにこういった。

「将来性ほどあてにならない言葉はない」

何をもって将来性というのか、その基準すら定かではない。それならばすでに完成した、伸び代はなくとも、「これだけの力は出せる。だからプロでもこうした起用法は可能だ」といった選手を指名したほうが、よほど構想どおりに進む。

逆にどうなるかわからない選手は、大学に進学させる、あるいは家庭の事情などでこれ以上学費が払えないのであれば、社会人に預けて育成を任せ、選手の成長を見る。指名するのは3年後、4年後で構わないというのが私の考えだ。

ところがスカウトは「そんな悠長なことをいったら、3年後、巨人に獲られてしまいますよ」「今だから来てくれるけど、3年たったらうちの予算では来てくれません」と反論する。

だが、この先どう成長するかわからない高校生を大量に指名しても、その大半が一軍に上がることなく辞めていく。先行投資は失敗し、結局大損するのである。

社会人の監督になって感じるのは、高校生を獲得してプロの二軍で育てるより、社会人のほうがはるかに育つということである。

プロは二軍のシステムも一軍と同じ長い公式戦で、勝率で争っている。一方、社会人はトーナメントである。だから負けられない。1試合1試合の真剣味がまるで違う。

松坂世代と呼ばれる選手たちにしても、結局高校から入ってプロで大活躍しているのは松坂ぐらいだ。今年になって藤川が出てきたが、入団して7年を要した。同じ世代では和田や新垣渚（ソフトバンク）、村田修一（横浜）、木佐貫、久保裕也（ともに巨人）、杉山、久保田（ともに阪神）と大学出身者が多いが、杉内（ソフトバンク）や久保（ロッテ）などは社会人で飛躍的に伸びたケースだ。

都市対抗も社会人日本選手権も、予選では敗者復活戦が取り入れられる場合もあるが、実際はトーナメントで、負けたらおしまいのプレッシャーのなかで戦っている。ほとんど仕事らしい仕事をすることなく、野球に専念させてくれる企業では、都市対抗や日本選手権に出られないことほど惨めで悔しいことはない。全国大会に出られなければ、企業の広告塔としての役割や、あるいは社員との一体感や士気の高揚を求められている福利厚生としての役割を担うことはできない。

負けられないプレッシャー、当然そこでエースやクリーンアップとしての自覚も生まれる。

それに社会人野球では、給料は一般サラリーマンと比べても低く、決して十分とはいえない。うちの選手にも「たまには遊びに行け」というのだが、そういわれてもみんな薄給だから、外で遊ぶより部屋でゲームをしたりテレビを見たりしている。

それに対してプロの二軍選手は、一軍にまったく貢献していなくても1000万円とかの給料をもらい、巨人や阪神の人気チームともなれば、ファームの選手にもタニマチがいていくらでも遊びに連れていってくれる。18歳や20歳という人間的にもまだまだ未熟で十分な教育が必要な時期に、次々と誘惑があれば、貪欲に技術を磨くという気持ちがおろそかになってしまうのも無理はない。結局、技術的にも伸びずに消えていってしまう。

私自身、プロと社会人はもっと接近すべきだと思っている。時には提携してもいい。プロが高校生を大量に囲うぐらいなら、社会人に供給し育成を任せる。そして社会人が数年間かけてプロで即戦力として通用するように育てあげ、プロ球団に手渡す。もちろんその代償としてプロは社会人に育成費を出すべきである。

現状でも野茂や古田のように、学生時代にドラフトにかからない、そういった残りの選手が再度プロに挑戦するために社会人へ入ってくる。社会人野球がなければ、高校生もしくは大学生でドラフト指名されなかった段階で野球をやめてしまう選手が相当数いるはずだ。

そういった意味では、社会人野球というのは日本の野球界の屋台骨を背負っているといえる。しかし企業チームは年々減っており、昭和38年に237社あったものが、現在は81社にまで減少している。もっとも廃部になったチームがクラブチームに転身したり、有志によるクラブチームなどが230以上あり、JBBA（日本野球連盟）の加盟数は300以上を維持しているが、クラブチームのほとんどは他に仕事をもっている選手の集まりだという。選手たちが会費をもち寄ったりして頑張っているらしいが、なかには野球をやりたくても経済的事情で続けられない選手もいると聞く。

企業チームが減少している理由として、本社の不況や不祥事が挙げられるが、根本にあるのは社会人野球が自立できていないからだ。昔のように都市対抗がテレビで中継されることはない。新聞で扱われる記事量も少ない。広告価値という点ではわずかなものになっている。

社会人野球を残すためにも、プロに選手を送り出したときぐらいはその選手にかかった2年間、3年間の育成費はプロ側が支払うべきではないだろうか。

シダックスの志太勤会長は株主総会で、「この不景気に利益を生まない社会人野球をどうして続けるんですか」「オーナーの趣味ですか」と毎回突っつかれるそうだ。それに対し、志太会長はこういっている。「たとえ100万円でもいい。それだけでも利益があるのなら、胸を張って株主に〝いや、ゼロじゃありません。ちゃんと収入はあります〟と言い切れる」

私もそう思う。学生野球にまでそうしろといっているわけではない。学生は本分が異なる。しかし社会人に関しては、2年、3年とはいえ、その選手に給料を払って育てているわけである。それを選手がプロ入りを希望したからといって、プロにポンともっていかれるのでは、あまりに理不尽である。

社会人野球を含めた日本の野球界の構図。選手が長く野球を続けられるという、世界に誇れる日本のシステムを守るために、今こそ高校、大学、社会人、プロといった各野球組織が本気になって共存を考える時期に来ているのではないか。

足と肩にスランプなし

阪神の監督の3年目のドラフトで指名した藤本、赤星、沖原。この3人との出会いはまさに縁といえる。3人とも社会人ではレギュラーで活躍していたが、遠くに飛ばせる、パワーがある、バットスイングがシャープだとか、そういった面で評価するスカウトの目には留まらず、阪神はもちろん、どこのチームのスカウト網にもかかっていなかった。

しかし阪神にとってみれば、彼らが入ってチーム力はアップした。残念ながらその年のオフに私はユニホームを脱いでしまったが、彼らの力なくして、平成15年の星野監督のもとでの優勝はなかっただろうし、今季の岡田監督のもとでの快進撃もありえなかっただろう。

そのなかでも特に赤星とは不思議な縁を感じる。

当時アマチュアのオリンピック強化指定選手がプロのキャンプに振り分けられて参加していたのだが、たまたま赤星は派遣先が阪神だった。

とにかく足が速かった。当時の阪神では高波文一（西武）がいちばん足が速く、よく代走で起用していたが、その高波と競走させると赤星のほうがはるかに速い。スカウトにこの選手はどうしてドラフト候補に入っていないんだと聞くと、「バッティングがさっぱりです」という。でもよく見ると、非力だが、まったくだめというほど悪くない。何よりも私の持論に「足と肩にスランプなし」がある。チーム一の俊足、それだけでベンチに置く価値がある。

肩も強くはないが、センターを守っていて、二塁に走者がいるときにセンター前にヒットが飛ぶと猛然とダッシュをかけて、捕球地点から本塁までの距離を縮めてしまう。だから視覚的な判断で、三塁コーチャーはどうしても走者を回らせられない。

ちょうど新庄がメジャーに移籍し、センターが空いていたというのも大きかった。その年の秋、ドラフトで指名し、キャンプでは高波、藤本、沖原、秀太ら足の速い選手を7人集めて、「F1セブン」といって売り出した。まぁ、沖原などは決して速いほうではなかったのだが、セブンが語呂がよかったというのもあり、いずれにせよ、新庄というスター選手が抜けたあとだけに、マスコミはけっこう取り上げてくれた。

ただ藤本もそうだったが、赤星もバットに問題があった。当時はグリップの細いバットを使っていた。今の選手は子供のときから金属バットで野球をやっているため、細いバットに慣れてしまっている。だが彼らのような非力な打者が木製バットで細いタイプを使用すると、当然打ち負けるし、またグリップは細ければ細いほど重心がヘッド寄りになるから重く感じ、ヘッド操作が困難となる。

そこである日、「これは長距離バッターやホームランバッターの使うバットだ」とふたりのバットを取り上げた。それで、こけし型の太いバットを与え、「まず足が速いというところから野球をせい。セーフティーバントとか、三遊間にゴロを転がして内野安打にするとか、塁に出ることによって、おまえたちの価値が生まれるんだ」といった。

人間の縁などわからないものだ。赤星はJR東日本にいた。この前会ったときに、「おれと出会ってなきゃ、今ごろ社会人の東京都予選でシダックスと対戦していたな」と話したら、赤星も「そうですね」と笑っていた。それが今では1億円プレーヤーになり、来年は2億円、いや3億円近くまで上がっているかもしれない。

藤本と沖原については、当時の阪神がショートのレギュラーが不在で、それでスカウトに「ショートを探してくれ」とシーズン中から言い続けてきた。

私が阪神に入ったころのショートは今岡。彼は足が遅く、性格的にも1球1球捕手のサインによって守備位置を左右に変えるような、ショートとしてのきめ細かい配慮がなかった。三塁方向のファウルフライも、捕れないと思ったら追いかけようとしない。

一度、二死二塁で二遊間にゴロが転がった。打たれたという打球ではなく、ただコースがよかったという程度の打球の速さだった。今岡が飛びついていれば、内野安打になっても二塁走者は三塁で止まる。なのに今岡は飛び込もうとすらしない。何度も監督室に呼び、「おまえ、胸張って一生懸命真剣にプレーしてますといえるのか」といった。だが何の返事も返ってこない。「何か不平不満があるんならいえ」といっても何もいわない。

その後、二塁にポジションを変えたりしたのだが、彼は最後までやる気を見せなかった。結局、なぜ彼がそうなったのかはわからずじまい。別に今岡を怒鳴りつけたわけでもない。ただ、「寸鉄人を刺す」というが、私が遠慮なしに思ったことをいうから、言葉に傷ついたのか。いずれにしてもやる気を見せないかぎり、お金を払って試合を見に来てくれるファンの前で使うわけにはいかない。

一方でこれが阪神の体質だなあとも思い、この体質を正常に戻すのは大変なことだなあと感じた。

野球はセンターラインが大事というが、私の考えは捕手とショートはバッティングは二の次。打ててよし、打てなくてもよし。そういう考えをもっていたので、そんなに打てなくても、チームのためにしっかりとひたむきにプレーする選手が欲しかった。

社会人野球の日本選手権は、プロ野球のシーズンが終了した11月に大阪ドームで行われる。たまたま見に行った試合で、デュプロというチームで遊撃手を務めていたのが藤本だった。右投げ左打ちで小柄な選手だったが、身のこなし、動きに野球センスを感じた。

沖原はまったく見ないで獲得した。ただ彼はオールジャパンに選ばれていた。アマチュアとはいえ、すでにプロの選手が混じったオールジャパンに選ばれたのだから、まずプロでもやっていけるのではと思った。

当時の全日本にはプロから田中幸雄（日本ハム）や中村が参加していたので彼らにも聞い

たが、「これという特徴はないですが、無難なショートです」というのが一致した評価だった。「ショートなら無難でもいいやないか、よし獲ろう」と決めた。ただ沖原は当時すでに28歳。所帯ももっていたし、生涯安定しているサラリーマンの座を捨てて来るのは相当な決断、勇気が必要だったはずだ。来るだろうかとも思ったが、彼は来てくれた。入団発表のときに「よく決断してくれた」と声をかけたものだ。

沖原と藤本、その時点ではどちらが上かなどわからなかったが、競争してどちらかがポジションを取ってくれればいいと思った。とりあえず懸案だった遊撃手はこうして決まったのだった。

野村再生工場

「野村再生工場」という言葉は、南海時代に巨人では二軍の選手でしかなかった山内新一や松原、江本をトレードで獲得し、ローテーション投手に変身させたことからそういわれるようになった。なかでも山内は前年まで巨人で0勝だったのが、南海に来るや前期だけで14勝も挙げて、昭和48年の南海の前期優勝に大いに貢献した。

また広島で一時期、最多勝のタイトルを獲得しながら、交通事故にあった金城基泰という下手投げの投手がいた。彼はその後復帰したものの、事故前のような活躍はできなかった。それで南海にトレードに出されたのだが、南海でリリーフに転じ、セーブ王を獲得した。かつてエース級の活躍をしながら、不慮の事故で一度は選手生命が終わったといわれていた男が、またトップクラスに戻った。まさに再生という言葉にふさわしい復活劇だった。

当時の私は監督でありながら、現役の捕手であったわけだから、自分がゲームのなかで彼らをリードすることができる。配球には自信があったから、「とにかくストライクを投げられるだけのコントロールだけはつけてくれ」といっていた。フォアボールだけはどうにも助けてやれないが、ストライクさえ投げてくれれば、おれが何とかしてやると自負していた。

まずはストライクを投げろで、低くやコーナーだの注文をつけるのはもうひとつ先の段階だ。ストライクを取れる球種をいくつかもっていれば、裏を突いたり、打者にそのうちのひとつを意識させて、もう一方の球種で打ち取るなど、なんとでもできた。

そうやって結果を出していくうちに選手は自信をつけていく。プロに入ってくる投手というのは、ある程度実力はある。要は何かの拍子で自信を失ってしまったり、あるいはプロに入ってからまわりのすごい選手に圧倒されて、地に足がつかないまま野球をやっていた、そういった選手が多い。それがひとつふたつ白星がつくだけで、ふだんの態度まで見違えるように変わっていく。

ヤクルト時代は監督専任であるから実際に球を受けてやることはできないが、その分知識は豊富になった。上手で投げてだめならスリークォーター、スリークォーターでだめなら横手投げ、横手でだめならアンダースローから投げる。それぐらい極端な目で、この投手を何とか生き返らせられないかなと見てきた。その代表例が阪神での遠山だ。テスト生で阪神に戻ってきたが、スピードは130キロ台前半。それでも本人は、快速球投手と呼ばれた若かりしころのピッチングを捨てられないでいた。そこで彼に「左ピッチャーは特に有利なんだ。投手には先発、中継ぎ、ワンポイント、抑え、と4つの役割がある。まずワンポイントからスタートしてみないか。それでよかったら、中継ぎ、さらによかったら先発と、こういう段階を踏んで取り組んでいけばいいんや」と話した。

ワンポイントとなると、当時でいうなら巨人の松井、高橋由が打席に立ったときがいちばんの仕事となる。

彼には真っ直ぐとスライダーしかなかったから、シュートを覚えさせた。シュートのキレをよくするために「ちょっと横へ腕を落としたほうがいい」ともアドバイスした。

左打者にとって、左投手が横手から投じてくると、背中のほうから球が来るようで恐怖感を覚える。しかも外に逃げるスライダーを狙って踏み込んでいこうとすると、内角にシュートが来る。逆に少しでも内のシュートに意識があると外のスライダーにバットが届かない。松井、高橋由といった一流の打者が130キロにも満たないシュートにグシャグシャ詰まる。ベンチで見ていても痛快だった。

その後、ワンポイントから1イニングを任せられるだけの中継ぎへと活躍の場が広がり、右の横手投げの葛西とのコンビで9回1イニングを任せる抑えにまで信頼度が高まった。

遠山の場合、左打者限定（葛西は右打者限定）と条件がつくことから、厳密には抑えとはいわないのかもしれないが、遠山がワンアウトを取り、彼に一塁を守らせ、葛西がツーアウト目を取り、再び遠山がマウンドに戻ってスリーアウト目を取る（打者の右左によっては葛西－遠山－葛西のパターンもあった）。この一人一殺が阪神の勝ちパターンとなった。

「思考が人生を決定する」と何度もいってきたが、彼は自分が生き残れる道を私とともに考え、その答えとしてシュートを覚え、シュートの効果をより高めるために腕を下げた。そうすることで、見事に甦《よみがえ》った。われわれが教えられることといえばその程度のことである。だがたったそれだけで、ひとりの選手の野球人生が大きく変わったのだ。

変化球を投げる必要性

よくピッチャーにこういうことを訊く。

「どうして変化球を投げる必要があるのか？」

みんな異口同音に「配球にヤマを張らせないように」と答える。球種を多くもつことで打者の狙いをぐらつかせる――確かにそれもある。だがいちばん大事なことを忘れている。

変化球の必要性とは、スピード不足とコントロール不足を補うためである。常時160キロの球を投げられるのであれば、何も変化球など投げる必要はない。またすばらしいコントロールの持ち主で、10球すべてを原点（外角低め）に正確に投げられるのであれば、まったくいらないとはいわないが、まあひとつぐらいそこそこの変化球を投げられれば十分だろう。

ところがそんなコントロールをもっている投手は誰ひとりいない。

そうなると自信のある変化球をもたない投手は、カウント0－2、1－3といったバッティングカウント（バッティングチャンス）、つまり打者が「絶対にストレートが来る」と狙ってくるカウントで投げる球がない。そういったバッティングチャンスで簡単にスライダーを低めに投じてストライクを取ってしまうと、打者有利が一転、五分五分、いや投手有利に変わり、ピッチングも捕手のリードも楽になる。

変化球を覚えるということでいえば、他チームではまったく通用しなかった投手がちょっとした球種を覚えるだけで、それまでのピッチングが見違えるように変わる。そのヒントとなったのは、若かりしころに見たり受けたりした、金田、稲尾、米田、皆川睦男（南海）といった大投手たちだった。

金田さんにしても稲尾にしても、最初はストレートとカーブのみ。それでも球が速いから打者は手も足も出ない。ところがだんだん真っ直ぐに目が慣れてくるし、投げる側も年齢や故障で球速が落ちてくるものだから、対応できるようになる。

「もうあの投手は怖くない。今まで抑えられた分、打たせてもらわんと」と手ごたえを感じ始めるのだが、そう思ったところで、今度は投手がスライダーを覚える、フォークを覚える、シュートを覚える。ひとつ球種を増やしただけでまた打つのが難しくなり、彼らの寿命が1年、2年と延びていく。金田さんにしても最初は真っ直ぐとカーブだけだったのが、晩年はフォークを投げ始めて、若いころとはまったくピッチングが変わってしまった。そのおかげで400勝という不滅の大記録が生まれた。

だから、その投手に何か変われる要素がないかと考えたとき、まずはその投手がもつ球種から探っていった。今すでにもっている球種をワンペアにするには、何を覚えさせればいいのか。ツーペアにするには今度は何をマスターさせるのか。緩急、内外など最低ツーペアをもたせるとピッチングは大幅に変わってくる。

ヤクルト時代、近鉄から西村と吉井の交換トレードを申し込んできた。当時の吉井は近鉄で登板機会がなく、もう終わっているというのが一般的な評価だった。西村はコントロールに不安があり、そのうえバッティングもバントもバットにかすらないほどひどいものだった。常々DH制のパ・リーグ向きだなあと思っていたこともあってトレードに応じた。このトレードについての当時の評価は「ヤクルトは損した」だった。

ところが吉井はヤクルトに入って先発として活躍したばかりか、3年連続2けた勝利を挙げ、優勝に貢献した。

ヤクルトで何が変わったかといえば、吉井はまずシュートを覚えた。シュートを覚えたことでスライダーとワンペアができた。次にフォークを投げ始め、ストレートと組んでツーペア目ができた。シュートは内角を意識付けることから、外に落ちるフォークとも対になる。40代になった今でも活躍しているのは、明らかに打者に意識させる球（シュート）を覚え、その対となる球（スライダーやフォーク）の効果を倍増させているからだ。

だから「球種をひとつ覚えなさい」。それも今の持ち球とペアになる球をもちなさいと、変化球を投げる必要性を教え込むのである。

次に、少しでもその球が効力を増すような投げ方を考えなさいと教える。何気なしにプレートを踏んでいるのであれば、打者によって踏む位置を変える。左投手が左打者に対するときは当然プレートのいちばん一塁寄りを踏んだほうが打者は嫌なものだ。

こういう投球をすれば、まだまだ抑えられるといった「信」を与え、選手の考え方を変え、その選手の能力を引き出し、それがチームの成績に反映されていくと再生工場も楽しくなる。お金はかからない。なにせどの選手もどこかをクビになって、テスト生で入ってきた選手ばかりだからだ。

「野村さんの下に入ったらまた一軍で活躍できる」

いつの間にかそんな噂が広まってくれたおかげで、入団テストをやるといろんな選手が集まってきた。他球団でまったく結果の出なかった選手が、山内や松原、ヤクルトでの吉井、田畑一也のようにローテーションに入って2けたも勝てるようになるのはそう滅多にあることではない。ただ社会人の無名選手を即戦力としてドラフトで補強するのと同じで、1、2回の短いイニングなら、考え方ひとつ変えるだけで十分戦力になる。FA選手には絶対に手を挙げず、ドラフトでも人気選手の指名に消極的だったヤクルトでは、この再生工場がチームの成績に大きく貢献した。

私の下では峰山高校の後輩である広瀬新太郎や元巨人の廣田博章らが復活した。野手では辻、大野雄次、小早川毅彦——辻や小早川は西武、広島で中心選手として活躍していたが、ヤクルトは彼らをトレードで獲得したわけではない。いずれももう戦力としては必要ないと判断され、コーチ転身を勧められた選手である。それを彼らがまだ現役に未練があると拒否し、コーチとして残れる将来の保障を蹴《け》ってまでヤクルトで現役を続けることを望んだのだ。

私が辞めたあとも、ヤクルトでは島田直也や入来智、前田浩継、杉本友などをテストで獲得し、戦力として活用してきた。たぶん古田の考え方などが影響しているのではないか。彼がブルペンで「ストライクゾーンにさえ投げてくれれば、おれが何とかしてやる」と、私が現役時代にいっていたのと同じことをいっているのをテレビで聞き、苦笑いをしたものだ。

7

指揮官の重要な仕事は人づくりである

監督は「気づかせ屋」でなくてはならない

いくらいい球を投げても人間形成がされておらず、社会通念がなければ、組織はリーダーとして認めてくれない。

たとえば阪神の井川は、私の監督時代からは見違えるような投球ができるようになった。優勝した平成15年にはタイトルも獲得し、毎年2けた以上の勝ち星を残している。それでもチームが彼をエースとして認めているかといえば、決してそうではない。

もともと口数の少ないおとなしいタイプである。「みんな、おれについてこい」といえるような男だけがリーダーになれるというわけではないが、彼に何が足りないかといえば、ボサの長髪で、みんなが見苦しいと思ってもわれ関せずプレーする、そんな鈍感さにある。

最近のサッカー人気で、一瞬一瞬のプレーに個人の判断が重要視されるサッカーのほうが野球よりセンスを必要とするというようなことを聞く。確かにプレーに連続性があり、ベンチの指示がすぐに通らないサッカーには、選手に瞬時の判断力が求められるのだろうが、野球というスポーツはひとつひとつのプレーに間があり、そこに考えるという動作が要求される。だからこそセンス、感性が必要となる。自分の好きなように自己中心的なプレーをしている者は、大事な場面でも同じように自己中心的な選択(考え)をしてしまうのである。

自由放任という監督は多く出てきたが、自由をはき違えてもらっては困る。チームであり組織である以上、最低限まわりの者が不快にならないだけの社会常識やルールは身につけておかねばならない。

最近では茶髪や金髪も珍しくないが、私はヤクルトの監督時代、長髪、茶髪、ひげを一切禁止した。なぜなら選手のそういった姿に不快感を抱くファンの人に数多く出会ったからである。あのヤンキースも規律を重んじて、長髪やひげは禁止と聞く。強豪と呼ばれるチーム、伝統あるチームはやはり、人間的な節度や心構えについても厳しく律しているものなのだ。

監督の役目というとすぐにチームづくりとなるが、チームをつくるにはまずひとりひとりの選手をつくらなくてはならない。そういった意味では、監督の最初の仕事とは人づくりである。人をつくって初めてチームづくり、試合づくりに着手できる。

それではどうやって人をつくるか。かつて私が所有していたシニア・リトルリーグのように、子供が相手ならしつけから始まっていくらでも教えることができるが、ある程度人格ができあがった大人のプロ野球選手の性格や人格を変えることは実に困難だ。

なかにはちょっとしたヒントや上司の言葉で何かに気づき、「自分はもっとこうやって組織に貢献しないといけない」と感じる者もいるだろうが、無知であることを自覚させ、無知は恥なのだと気づかせなくてはならない。さらに何が正しくて何が間違っているのか、間違いに気づかせて正していく。つまり、監督は「気づかせ屋」でなくてはならないということだ。

判断基準というのを教えて、その判断基準をレベルアップしていかねばならない。

これらは野球界だけの話ではない。まず社会人としての最低限の常識・礼儀・マナーをしつける社会人教育こそ重要なのである。一流と呼ばれる企業では、入社したての新入社員に数週間から数か月かけて社会人教育、人間教育を徹底する。プロ野球球団といえども組織である。必要とされる人材は一般企業と変わらない。

人間教育はもちろん、技術的なことでも気づかせることがポイントとなる。理にかなったフォームづくりから、難しいボールへの対応の仕方、配球、そういったものについても、「こうやってみたらどうだ」「こういう対応の仕方があるのではないか」と気づかせる。

そこで気づく選手は伸びる。鈍感だったり、自分勝手な者はなかなか気づかないが、だからこそそういった選手には人間教育から始めて何かヒントを与えて成長するのを待つ。

「人間の最大の悪はなんであるか。それは鈍感である」といわれる所以である。

監督業というのは、こうやって人をつくり、何かを気づかせ、そしてそれが組織に反映されるのを待つしかない。成長がなければ、やはり人間の根本の部分に欠点があるわけだから、もう一度人間教育を繰り返す。結局この繰り返しでしかない。

後継者づくりがチームの伝統を築いていく

最近の球界を見ていると、人間教育を重視している監督がほとんどいなくなった。選手を叱らない、怒らない。選手をおだて、気持ちよくプレーさせることを優先する。

誰だって怒られるより褒められるほうがはるかに気分がいい。特に前の監督が自分のライバルである選手を重用したりしてふて腐れていたところ、新しい監督が自分に目をかけてくれたりしたら俄然《がぜん》やる気になるものだ。

そういった効果が重なって、新監督になって見違えるようにチームが強くなって優勝したりすることもあるのだが、そんな「のびのび野球」と呼ばれる掌握術で優勝したチームは結果的に何年も続かない。

選手なんておだてておけばいいと思っている指揮官は、「チームに70人の選手がいて、一軍に28人の選手がいても、試合に出るのは9人」ということを忘れてしまっている。9人プラス先発ローテーションが確保されている投手、あとは抑えの切り札と呼ばれている投手、それ以外の選手はたいていは不安にさらされている。だから選手の多くは不満をもっている。

誰にだって不平不満はあるわけだが、それを口にするかしないかが、いい組織とだめな組織の境界線になる。誰かが不満をいう。そうするとつい我慢していたものが切れて、自分も同じようなことをいったり態度に出してしまう。小さな不満が蔓延《まんえん》していくことでチームのムードまでが悪くなっていく。

不満のない人などいないのだが、それをぐっとこらえる抑制術は人間教育ができていないともちえないものだ。不満をもっているということは、裏を返せば理想を描いているということでもある。理想と現実が重ならないから不満をいい、ぼやくのである。

人間には自分の思うようにならないことがふたつあるという。

ひとつは「人間はひとりでは生きていけない」ということ。

もうひとつは「自分の思うようになることはほとんどない」ということだ。

自分の思うようにしたい。ところが現実はなかなか思うようにならない。そこに理想と現実のギャップが出てくるわけだが、だからこそ努力が必要である。自分の思うようにするために努力していく。その先にあるのが理想であり、夢であり、希望であり、願望である。

人間の行動パターンはそういう仕組みになっているのだと、選手にはとくとくと説いた。何度も何度も同じことを繰り返し、何年もかけてそうやって教えていくしかない。特に今の自由奔放な教育を受けてきた若い選手には、徹底的に教え込んでいくしかない。

しかし、選手を人間的に教育するといった長期ビジョンをもって監督になった者など、今の12球団を見渡してもひとりもいない。ただし、それを彼らだけの責任にするわけにはいかない。監督を任命したオーナーにも責任の一端はある。

今の監督の多くが、2年、3年契約である。3年といっても1年目で最下位にでもなれば、交代させられる可能性もある。結果を出さないと自分の身が危ないわけだから、当然、結果主義に走る。結果を出すためだったら、間違っていようが、まわりから何といわれようが関係ないということになる。当然、自分の後継者が誰になるか、どうやってこのチームを、自分が去ったあとも強いままでいさせるか、後継者をつくるなんて考える余裕はないだろう。

昔の監督というのは10年、20年と長期間在任していた。10年ぐらいやるとひとりぐらいは「こいつが自分の後継者だな」という、リーダーとしての素質をもった選手が出てくる。

私は南海で9年間監督を務めた。最後は反野村と呼ばれていた、どうしても私を辞めさせたかったグループによって解任されたから、後継者をつくっていたとしても、その人に譲れるようなことはなかったが、当時の私はまだ若く、自分のことで精いっぱい、とても後継者づくりができるような年齢ではなかった。

鶴岡監督が計23年間監督を務め、その後、誰もがリーダーと認める蔭山和夫さんがあとを継いだにもかかわらず、就任1か月ぐらいで急死された。そのためまた鶴岡さんが戻ったが、昭和44(69)年、4番を打っていた飯田徳治さんが監督に就任した。ところが、最下位になって1年で辞任され、私にお鉢が回ってきた。

あとで聞いた話だが、蔭山さんが監督に就任したときに、親しい記者に「自分は監督の器じゃないと思う」と話していたという。「今はまだ野村が現役だから、おれは野村にバトンタッチするまでのつなぎだ」、そのようなことをいってくれていたそうだ。

だが結局、私は34歳で、しかもプレーイングマネージャーとして監督をやることになった。年上のコーチもいるし、チームの全員が不満をいわない組織をつくるには、私自身、人間的にまだ未熟だった。それに外部からの不満や嫉妬といったものを封じ込める力もなかった。

そういった球団の微妙なシナリオの狂いもあって、南海というチームの身売りにつながっていったのだと思っている。最後はもう一刻も早く私を監督から降ろしたくて、醜い争いが起きていた。

南海とは対照的に、当時の巨人はそういった後継者をつくり、その者に監督の座を譲るというシステムがしっかりとできていた。

当時の南海に、大学時代、田淵、山本と法政の三羽ガラスと呼ばれた富田勝という三塁手がいた。3番を打ったりしていたのだが、あるとき巨人の川上さんから連絡があり、富田を欲しいといわれた。

「長嶋がちょっと衰えてきたんで適当に休ませたい。そのために三塁手として富田が欲しい」

電話で即答できる話ではなかったので答えを濁していると、「とりあえず会ってほしい」といわれ、後日会うことになった。

指定された赤坂の料亭に行くと、座敷に長嶋がいて驚いた。川上さんからは「彼はいずれ巨人の監督になるから、トレード交渉というのはどういうものか見せてやりたい。だから同席させてくれないかね」といわれた。もちろん私は了承した。

当時の巨人はそういった継承がしっかりできていた。それが巨人の伝統であり、だから他球団が入り込む余地がないほど強かった。

その巨人も昭和50年代に入ってごたごたし始め、今では監督は、渡辺恒雄前オーナー（現球団会長）が選ぶ〝中間管理職〟となってしまっている。監督は常に本社の顔色をうかがいながら、結果優先主義で戦わねばならない。これではチームを根本から変えることなどできるはずがない。

そのトレード交渉から十余年がたち、ヤクルトの監督に就任したのだが、料亭に長嶋を連れてきた川上さんの姿が頭の片隅に残り、常に次の監督が気になっていた。私のあとにこのチームを率いるとしたら、誰がふさわしいのか。球団は誰と考えているのか。

しかし球団社長や代表に「次の監督は誰ですか」と尋ねても、「そんなこと気にせんでやってくれ」といつもいわれた。

「自分がどうこうじゃなくて、私が永久に監督をやるわけじゃないのですから、次は誰にするのか、一応方針としてあったほうがチームのためにはいいはずです」といっても、結局教えてもらえなかった。

任期の中ごろで、当時の田口周球団代表から「若松をコーチで使ってやってくれないか」といわれたことがあった。なんとなく「ああ、若松が次期監督だな」とピンと来て、冗談半分で「次期監督ですか？」と尋ねたのだが、「いやいや、ただ指導者として教育してやってほしい」ということだった。

結果として私のあとは若松だったのだから、はっきりと決まっていなくてもそういった方針を出しておいてくれていたら、もう少し若松と「監督とは何か」といったリーダー論を話す機会もあったのだが。

さて、そのヤクルトだが、すでに次は古田という声がチーム内外から沸き起こっている。あとはいつ古田に要請が来て、古田が受けるのか、あるいは古田が現役に固執し、誰かひとり挟むのか……。こればかりは古田に聞いてみないことにはわからないが、後任人事についてはっきりした方向性が出ていることは悪いことではない。少なくとも、古田が時期尚早と監督就任を断ったとしても、それから数年間の現役生活はいずれ自分が監督になるつもりで過ごすだろう。そのなかでリーダーシップが身についてくるはずだ。

古田が何年かやって、そのあとは日本代表のキャプテンを務めた宮本が引き継いで……ヤクルトもそのあたりまでイメージができているのではないか。

仕事の3大要素は「計画」「実行」「確認」というが、そのなかでも計画は特に重要である。監督を命じる立場のオーナーや球団社長はもちろんだが、まだいわれていなくてもいずれその可能性はあると感じた選手は、30歳を過ぎたあたりからしっかりした将来の人生設計をもってもらいたい。野球に携わって生きていくためにはどうすればいいか。評論家、解説者をやるには、「思いきりがいいですね」「勇気あるプレーですね」「すごい」「すばらしい」「驚かされた」「何もいうことはない」——こういう視点での解説をしていては、すぐにファンが監督候補として落第のレッテルを貼る。

私自身、30歳を過ぎたあたりから勉強を始め、その結果、「野村は野球をよく勉強している」「研究熱心だ」「野球をよく知っている」といった評判を呼ぶようになった。

プロだけが野球ではない

米国では、名選手といえども引退してすぐに監督になるようなことはない。コーチ、あるいはマイナーの監督として、ルーキーリーグ、1A、2A、3Aと経験し、そのなかで人づくりやチームの進むべき方向性の示し方、そして采配や正しい選手起用を学ぶ。もちろん球団側も適性を見る。

では日本はどうか。人気選手だと球団は引退後すぐに監督にさせようとする。平成17年には楽天・田尾安志、横浜・牛島和彦とふたりの理論派と呼ばれる監督が誕生した。確かにふたりとも評論家時代はメディアのウケもよく、明るくさわやかな解説をしていた。ともになかなかの二枚目である。ただふたりともプロでは監督経験はもちろん、コーチ経験すらない。

まったく指導者として経験のない、つまり理論を実践したことのない者をイメージだけで「理論家」と呼ぶのはいかがなものか。私は不思議に思えてならなかった。

評論家をしている者のなかには、コーチの声がかかっても「自分は監督しかやりたくない」と断る者もいる。経験も積まずに監督の声がかかるというのはどういう意味なのか。それは球団や親会社に気に入られる、つまりごまをすって評価を得ているということでしかない。

確かに現在の日本球界には、コーチを育てようという雰囲気がなくなってしまい、職人気質のコーチもいなくなってしまった。それでも自分がいきなり監督になれると思うのは自信過剰ではないのか。

そういう私もコーチ経験がない。34歳で南海の監督になり、そして再びロッテ、西武で現役に戻り、9年間のブランクの末に、ヤクルト、阪神の監督を務めた。南海時代は、当時の選手に今、胸を張って会えるほど監督としての仕事ができていなかったし、自分自身まだ監督をやれるだけの器でもなく、心の準備さえもしていないまま、人材不足から強引に監督に据えられたこともあって恥ずかしいかぎりである。

だが、ヤクルトでは違った。ある程度、自分なら監督が務まる、そしてこのチームをこうやって強くしていくというはっきりしたビジョンと自信があった。それは現役を辞めてからの評論家時代の経験と、そしてもうひとつ、プロ野球とは比べものにならないが、シニア・リトルリーグの球団をもち、そこで子供たちに指導した経験が大きかった。

プロだけが野球ではない。やはり野球の原点は少年野球にある。素質を見抜き、素質を認め、その素質をどう育てていくか。育成法、攻略法、のちにヤクルトや阪神で行った指導の多くが、子供たち相手に学んだものだった。シニア・リトルリーグというのはリトルリーグを卒業した主に中学生なのだが、その年代の子供というのは体つきからして年々変わっていく。1年生、2年生、3年生と年々大きくなっていく。

もちろん体に合わせて能力も変わってくる。2年生のときはバットをもつことさえ苦労していた子が、3年生になったら軽々と振り回すようになる。そういった成長過程を見ているだけでも楽しいものだった。

そして子供たちは「うちの監督は元プロ野球の選手」だと知っている。これが大人となると「元プロといっても、昔と今とは時代が違うんだ」というふうに認めようとしないへそ曲がりな選手がいるものだが、子供たちは違う。こちらから説明しなくても、全面的に信頼してくれる。監督に教えてもらうことは100%正しい、そう信じているのが伝わってくる。

それぐらい純粋に受け入れてくれると、こちらも間違ったことは教えられないという思いが強くなる。常に「自分は子供たちに間違ったことを教えているんじゃないか」と自問自答しながら、「彼らに正しい努力をさせているかどうか」「正しい方向へ導いているかどうか」と悩ませられた。完全に自信がもてなくてアドバイスの途中で躊躇《ちゅうちょ》したこともあるし、教えたとしてもそのあとずっと、「あれでよかったのか」と考えさせられたものだ。時には昔の本やノートを引っ張り出して勉強し直した。

彼らにしてみれば、生涯野村さんに教わったという記憶が残っていく。間違ったことを教えてしまったら、彼らはこの先ずっとそれを信じてやり続けるだろう。何年もたって、あのとき教わったことは誤りだったと気がついたとしても、そこで修正するのはたいへんだ。まだ野球を始めて数年しかたっていない子供に指導するというのは、実に責任が重大だった。私自身、指導しながら日々反省の繰り返しであり、たいへん勉強になった。

監督という立場を担う以上、プロだろうが子供だろうが、責任をもって接しなくてはならない。監督が選手の野球人生、いや一生涯を変えてしまう可能性もある。それぐらい重要な職務だという認識があれば、指導者としての経験もなく監督をやりたいということが、どれだけ無責任なことかわかるのではないか。

いずれにしても、少年野球にはチームの強化、育成、指導、管理、実践などすべての原点がある。それらを再認識させられる場でもあり、監督業には基礎づくりの場ともなる。

光はあるが影がない

かつてプロ野球界はこういって色分けされていた。

人気のセ、実力のパ。

確かにパ・リーグは人気では巨人をはじめセの球団に遠く及ばなかった。だが実力勝負なら自分たちのほうが上だという自負があった。だからこそオールスターになると、特に張本あたりが中心となって声を飛ばす。「ノムさん、ONだけには打たさんでくださいよ」。ONがホームランでも放った日には、いくらパ・リーグが勝とうが、翌日のスポーツ新聞の1面はONに取られてしまうからだ。

最近のオールスターは戦いではなくお祭りとなってしまった。正々堂々の定義も変わってしまったようで、投手も自分がもつ技術（球種）を駆使して打者を抑えるというより、変化球を投げるのは卑怯《ひきょう》だから真っ直ぐしか投げてはいけないというような風潮になっている。

ファンが見たいと思っている野球というのは、真っ直ぐしか投げてこないとわかっている投手の球をホームランし大喜びする、そんな野球なのだろうか。

オールスターとは一流選手の集合体であり、プライドの祭典であるはずだ。私はオールスター出場が決まったときはたいへんな胸の高鳴りを感じ、同時に恥をかきたくないという意識が体中に充満したものだ。

平成17年はセ・リーグが2連勝したが、それでも通算成績はパ・リーグの73勝63敗8分けである。これらは私も現役時代にもっていた、「パ・リーグの野球のほうが上」という自負が積み重なった数字である。

ところがここ数年、実力のパに陰りが見える。日本シリーズこそ平成15年がソフトバンク、平成16年が西武とパ・リーグが制したが、平成に入ってからは9勝7敗とセが優勢だ。

FA権でセ・リーグからパ・リーグに移籍したのは、制度ができた当初の仲田幸司（阪神→ロッテ）と松永浩美（阪神→ダイエー）のふたりだけ。清原にしても工藤にしてもパ・リーグからセ・リーグに移籍した選手だ。ドラフトでも有望選手はパ・リーグに入りたがらない。パ・リーグの球団が一流まで育てあげたと思っても、FAでセ・リーグやメジャーに移籍してしまう。こうしたハンディを差し引いても、最近のパ・リーグには何か寂しさを感じざるをえない。

「最近の人は光ばかり求めて影がない」

元首相の中曽根康弘氏がテレビでこんなことを話しているのを聞き、なるほどなと頷《うなず》いてしまった。

中曽根氏のいう光とは、「目立ちたい」「注目を浴びたい」「人からかっこよく見られたい」という意味であろう。一方の影とは、人のために尽くす、下積み生活を送る、忍耐する、我慢する、考え抜く、そういった目に見えない行為のことであろう。「最近の人」というのは政治家のことだと思うのだが、私は野球界にも当てはまると痛感した。

チームのために犠牲になる、チームのために研究する、創意工夫する、知識を得る。こうした行為が特に最近のパ・リーグの野球には見えない。バッテリーでいえば、外角にストライクからボールになる変化球を投げて相手の反応を見る、打者の心理を洞察する。これらも立派なチームプレーであり、犠牲心（1球ボールを投げる）という前提のうえでのプレーである。ところが光（＝自分たちが気分よくプレーすること）ばかり優先して、影（＝相手が嫌がるようなプレー）は回避する。投手は力いっぱい投げて、打者はその球をフルスイングする。確かに言葉だけ聞けばすがすがしいかもしれないが、実際その1球を痛打されたり、あるいは凡打に終わったりすれば、チームみんなが迷惑する。

光を求めるプレーというのは実践するうえで非常に楽だが、影となるプレー、創意工夫や研究、犠牲というものはつらいものである。結果が数字に表れない。ホームランのように拍手喝采《かっさい》を浴びることはない。だがこうした影の行為がないがために、プロセスを無視した結果主義となり、野球という複雑なゲームを淡泊にしてしまうのだ。豪快だがきめの細かさに欠けるといわれるパ・リーグ野球を生み出してしまっている元凶である。

個人にしても、パ・リーグには城島という日本代表の正捕手がいる。彼は天才的な打者であり、リードも一時期に比べたらずいぶん成長が見られる。

ただいかんせんパ・リーグ野球、つまり「打ち損じvs投げ損じ」の対決という打撃戦のなかで戦っているとあって、考えているなと感心するような工夫が見えにくい。極論すると変化球が2球も続けば真っ直ぐが来る。変化球がボールになると、すぐに真っ直ぐでストライクを取りにいく。結果的に打者に読みやすいリードとなっている。

一方、セ・リーグは古田という鑑となる捕手がおり、矢野、谷繁という守り（配球）で勝負できる捕手が続いている。ＤＨ制度があるため、どうしてもパ・リーグでは「野球は点取りゲームである」「打って勝つのが野球」と誤解しやすいが、私の考えは正反対である。

野球というスポーツは０点にさえ抑えれば、負けることはない、つまり野球は「点を防ぐゲーム」である。その認識を誤ってしまうから、捕手を育てようという意識が首脳陣に希薄となるのだ。

野球界は常に社会を反映している。根性野球が管理野球に変わり、そして今は情報野球に推移してきた。情報野球だからこそ、「打ち取るvs攻略する」の図式にならなくていけないのに、いつまでたっても「打ち損じvs投げ損じ」のままでは、ファンの関心をひきつけることはできない。ますます時代から遠ざかっていく。

しかし残念ながらパ・リーグの野球を危惧《きぐ》するのは私ぐらいで、昨年の合併問題、球界再編騒動以降、世の中の流れはまったく逆方向に進んでいる。

そのひとつがパ・リーグの奇異なプレーオフ制度である。「盛り上がるから」「３位争いが熾烈《しれつ》になり、消化試合が減る」という理由でプレーオフを推進する。だが勝率５割以下、首位に10ゲームも15ゲームも離されたチームがプレーオフを勝ち抜き優勝しても盛り上がるだろうか。仮に５割以下のチームが出場することになっても、日本選手権（日本シリーズ）を日本一決定戦と呼べるのだろうか。
前・後期制、DH制、予告先発。私の現役時代の晩年から次々と打ち出されたパ・リーグの愚策の数々が今日のパ・リーグの衰退につながっているといわざるをえない。

伝統という無形の力

ここ数年の巨人の衰退。大きな要因として挙げられるのが、まずFAや外国人に頼ったこと。さらに若い選手の育成を怠ったことなどもあるが、私はもっと根本的な問題があると見ている。

それは、野球界も情報化といわれているなかで、巨人だけが10年も20年も前の能力優先の野球、いわゆる「ベストを尽くせ」「何が何でも抑えろ」「気合で打て」といった根性野球、精神野球をやっているように思えることである。

ヤクルトの監督になって私がすぐに手を入れたのがスコアラーのデータ改革である。スコアラーの提出するデータを細分化し、たとえば縦横各3マス（計9マス）が当たり前だったストライクゾーンを縦横5マス（計25マス）、その他、ボールゾーンも左右高低に2マスずつ取ったため、合計81のマスをつくらせた（220ページ参照）。

この81のマスを使って、打者によっての空振りゾーン（通常内寄りの高めボールゾーンへの直球）、ゴロゾーン（内外角、ベース上の低めいっぱいへの変化球）、ファウルゾーン（ストライクゾーンからボール1個分内角への変化球）を分析させた。たとえば「（左打者の外角の）33〜37は手を出しませんが、ボールひとつ甘く入った43〜47はホームランゾーンです」というように。

チェックするのは打者だけではない。投手でいうならもちろんピッチングの傾向、クセの発見、牽制球の傾向（何球まで続けて牽制球を投げてくるか）、さらには捕手の配球の傾向（クセや習性）も徹底的に調べさせた。たとえばカウント0－0から2－3まで12種類あるボールカウント別の配球や捕手の苦しいときの配球、投手が首を振ったときの球種など。

ここでいう苦しいときとは、打者が大きく空振りしたときや甘い真っ直ぐを見逃したときの次球（はたして他の球を狙っていたのか、それとも単に1球待っただけなのか）、あるいは打者が思いきって引っ張ってファウルしたあとの次球などのことだ。こういった、捕手を悩ませる場面では捕手の習性が出やすく、配球が偏ることが多い。

わずか数年でスコアラーが提供したデータは膨大な量となり、当時のヤクルトのスローガンであった「ＩＤ野球」に大いに貢献した。

阪神の選手は、ヤクルトに比べて情報に対する必要性の認識が甘かった。ほとんどの打者がA型（直球に重点を置き、変化球にも対応しようとする）で臨む。いくらデータの必要性を説いても、自分の野球スタイルを崩すのが嫌なのだろう。

「おまえが捕手だったら、1点取られたら負けてしまうピンチ、それもカウント0－2や1－3で真っ直ぐ投げさせるか？」

「一度おれには真っ直ぐなど投げてくるはずはないとうぬぼれて、思いきって変化球にヤマを張ってみろ」

そうやってうるさくいって結果が出て、初めて何人かの選手が「じゃあ、やってみようか」と思うようになった。

データの必要性は、いうまでもなく「知らないより知っていたほうがいい」だ。

万人の打者が「変化球への対応」というテーマをもっている。バッテリー間（18・44ｍ）をボールは平均0・4秒で通過する。誰もが「来た球を打つ」という技術だけで打ちこなせるなら苦労はない。たとえば投げてくる球種が100％わかれば打ちやすいに決まっている。しかし現実は何を投げてくるかわからない。従って、できるかぎり投げてくる球種を知るための努力をする。そのひとつがデータだ。

阪神では3年連続最下位に終わっただけに、自分がチームにこれだけのものを残したと胸を張っていえるものは少ないが、ただこのデータの必要性を浸透させたことに関しては、私の就任前と後では、阪神というチームは大きく変わったと思う。

一方の巨人はといえば、データをまったく見ていないのかと思えるようなことが多い。清原、小久保裕紀らの中軸ならまだしかたがない面もあるが、仁志、二岡、清水といった脇役であるべき選手たちも同じような配球で同じように打ち取られる。

たぶん選手以前に、監督やコーチに「データなんか気にするな」という考えがあるのではないだろうか。チームにそういったデータ軽視のムードがあれば、スコアラーももっと深く探ろうという気にならない。与えられたシートにひととおりの結果を書き込み、提出するだけで自分の役目は終わり。選手がたまにデータを見ても、選手の要求に合致しないから、その場でポイと放り投げてまた見なくなる。そうやって悪循環となっていく。

スコアラーの仕事はたいへんな作業である。影の力としてチームには欠かせない人員である。その人たちの苦労を活かしてあげることは、組織力を強化するうえで非常に大切である。

監督が選手に教えられること、それはほんのちょっとしたことだ。

カウント1－2。「あのキャッチャーは変化球が多いぞ」、そう耳打ちするだけで選手は思いきってヤマを張り、あるいはその球を打ちやすいように方向を決めることができる（C型）。

打つか打たないか、その結果は監督にはどうすることもできない。打てない原因として、よほど調子が悪いか、体調が悪いか、それでも使っているのなら監督の責任である。総合的に見て打てないことが多いのであれば、それがその打者の実力となるが、黙って見ているわけにはいかない。何か対策を講じなければならない。そこで初めて監督の仕事、「ツボを伝授する」という役目が求められる。

私は次の3つのポイントをもとに実践指導をしている。「ツボ」「コツ」「注意点」。選手に試合を見させるときでも、「ここを見ておけ」というツボや技術面のコツ、そして「これだけは注意しろ」という注意点を伝えておく。それを的確に伝えることができれば、あとは放っておいてもその組織はいい方向に向いていく。上司と部下の価値観が共有され、上司と部下の思考が一致するわけだから、大きくぶれることはない。

そして、こういった監督から教えられたツボの蓄積が選手の自信となり、うちの野球は違うんだという優位感に変わり、それがチームの財産となる。かつて、森監督時代の西武がそうであり、私のもとで9年間で4度、その後も若松監督のもとで1度と、ほとんど大きな補強をすることがないにもかかわらず強さを維持するヤクルトもそうだ。阪神も近い将来そういった模範となるチームになれるかもしれない。

チームに受け継がれていく財産が、「伝統」という何事にも替えがたい無形の力となるのだ。

チームづくりの終着は「まとまり」

チームスポーツである以上、みんなが勝たなくてはいけないという一致団結感、まとまりが求められる。これだけを前提に野球に取り組んでくれれば、組織としてチームは機能する。

組織というのはそういったチーム全体の意識の方向性（まとまり）がもっとも大切なのであって、すばらしい素質をもった選手を1番から9番まで集める、そうしたことがまとまりを上回るかといえば決してそうではない。

確かに4番打者は欲しい。プレーだけでなく、人間的にもチームの鑑になる人間ならなおさらだ。みんなが「あの人に回そう」「あの人に回したら何とかしてくれる」と思えるようなリーダーならばいうことはない。

4番の負担を楽にするためにも、3、5番にはある程度の実力は欲しい。だから3〜5番をクリーンアップと呼ぶのであるが、それ以外はそれほど秀でた打者は必要ない。しっかり守って、そこそこ足があり、チームのために黒子に徹し切れる選手であれば、それで十分だ。

不思議なことに、ある球団で4番らしい活躍をしていた選手でも、巨人のような4番打者がずらりと並ぶチームに移籍して3番を打たされたり、5番を打たされたり、6番、7番に下がったりしていると、だんだんその程度の打者に変わってしまう。まことに不思議であるが、まさに「地位が人をつくる」である。

私もオールスターで経験がある。西本監督が全パを指揮していたのだが、ある試合で「野村、悪いけど、今日は気楽に7番ぐらいでやってくれ」といわれた。まあ、他のチームからも4番打者が出てきているから、「ああ、いいですよ」とそのときは気楽に答えたのだが、いざスタメンが発表になると、阪急の長池徳士が4番だった。「なんや自分のチームから選ぶのか」と無性に腹が立って、「おれの実力ってその程度のものなのか」とがっくりきた。

だったら試合で結果を出し、「全パの4番はやっぱり野村だった」と見せつけてやればいいのだろうが、いざ試合が始まっても気持ちが高まらない。ふだんは「おれに回せよ」「おれがなんとかしてやるから」「おれが決めてやる」という気持ちで、ベンチから試合を見ているのだが、7番だとそういう気持ちにならない。責任感や使命感といったものがすっかり消えてしまって、ただ淡々と試合を終えてしまったという苦い経験がある。

そういう点からも野球というのは非常に難しい。特に打順は、まるで評価のように「いちばん打つ選手が何番で、打てない選手は何番」と決められているものだから、監督が選手を激励して頑張らせようとしても、「口ではそういうけど、実際はそんなに信用していないんだろ?」ということになる。

結局、巨人のように国内外、そしてアマチュアとあらゆるチームから4番打者を集めてきても、他のチームとさして変わらないチームでしかなくなってしまう。

いくら個人として優秀な選手を集めてきても、それぞれの役目を果たさなくては、野球というスポーツはチームとして機能しない。

理想をいえば、下位打線に首位打者や打点王争いのトップをいく選手がいればいうことはないが、まずありえない。そんな選手に下位を打たせていたら、すぐに「これだけ打っているのに、なぜおれがこんな下位を打たなきゃいけないんだ」と不満が出て、選手の士気が下がる。それが監督批判に変わるのだ。
私は指揮官、つまりリーダーについて、常に以下のことを念頭に置いている。

①リーダーいかんによって組織全体はどうにでも変わる。
②リーダーはその職場の気流にならなくてはならない。
③リーダーの職務とは「壊す・創る・守る」。

①については「水は方円の器に随《したが》う」という言葉があるが、器（指揮官）が四角ければ水（組織）は四角く、円ければ円く、指揮官しだいでどうにでも変わってしまうものなのである。
②はまさに自分が率いる人間を巻き込むことができるかどうか。ひとりひとりに仕事の意義を感じさせ、興奮させる。感奮興起《かんぷんこうき》という言葉があるが、感じて奮い立たせる、意気が奮い起こる、それこそが指揮官の使命である。
③は信長（旧価値社会の破壊）、秀吉（新価値社会の建設）、家康（既存の事業のローリングによる維持管理）、この3つの作業を組み合わせることができるかどうか。
リーダーはチームが機能する軸を「まとまり」におかなくてならない。まとまりを無視し、ただ能力の高い選手を集めて、個々の選手の能力の合計＝チーム力と考えてしまうと、「これだけの選手がいるのに、なぜうちは結果が出ないんだろう」というジレンマに襲われる。

「まとまり」とはわかりやすくいえば、目的意識、達成意欲をみんながもち続けることである。全員が〝勝とうぜ〟という気になってくれることなのだ。

中途半端は骨の髄まで腐らせる

昭和40年代、V9という不滅の大記録を達成した川上監督率いる巨人は、まさしく適材適所の集団だった。

野球には9つのポジションと9つの打順がある。それぞれの条件にぴたりと適した選手がはまり、不動のオーダーをつくった。適材適所とはこのことだと実感させられた。

私の頭には常にV9巨人のオーダーがあり、それに自分のチームを近づけるにはどうしたらいいかと考えさせられた。

ヤクルトの2番で、先のアテネ五輪では日本代表のキャプテンを務めた宮本。彼は今でこそ3割を打つこともあれば、年間10本前後のホームランも期待できるしぶとい打者に成長したが、ヤクルトに入団したときは守備だけの選手で、古田と同じように打撃はまったくといっていいほど期待していなかった。だから最初の打順は8番だった。

しかしただ8番を打たせているだけでは育たない。そこで彼には「いずれおまえは2番を打つ。そのために勉強しろ」とうるさくいった。「出塁率を上げる」「バントをきっちり決める」「走者との連係、たとえば盗塁のサインが出たとき、一塁走者が好スタートを切ったら待つ。刺されるかなと思ったら空振りしたり、ファウルにしたりして助ける」「好投手に対し、次の打者に配球を教えてあげるために粘る」あるいは「投手にたくさんの球を投げさせる」——こうした2番打者としての役目を意識させて打席に臨ませた。

プロとして生きていくうえで、自分が目指すべきバッティングは何か。どう自分の役目を認識するか。そしてどう野球を考えるか。チーム状態がいいときは、そういうことを改めて口にしなくても、選手は自主的に考える。

問題はチーム状態が悪いときだ。選手が個人記録に走り、ただ無意識に打席に臨み、結果が出れば喜ぶ、悪ければ落ち込むといったとき。特に優勝がほぼ絶望的となった今季の巨人のような状況になったとき、50試合以上もある消化試合をどのような意識で臨ませるか。猫の目オーダー、場当たり的な選手起用、システム化されていない投手起用、こうした試合をしてしまっては選手も目的を見失ってしまう。

そういうときに求められるものこそ、監督の手腕で、翌年、翌々年のチームづくりの財産となる。ファンから見れば消化試合でも、指揮官も一緒になってただ消化するだけを目的に戦っていては何も得るものはない。

入団1、2年目の宮本でも年に1～2本はホームランを打ったり、長打を放ったりもした。

しかしその時々で一発を褒めてしまっては、彼にとって目指すべき方向が中途半端になる。

彼がホームランを打ってベンチに帰ってきたときに叱ったこともある。ホームラン打者でもない人がホームランを打つと必ずスランプに陥る。無意識に体がホームランを欲しがるようになる。まさにホームランは麻薬のような要素をもっている。あのイチローでも1試合に2本のホームランを打った翌日から、3試合もノーヒットの試合が続いたのは、単なる偶然とは思えない。

役割を徹して進むべき方向を決めてあげることが、適材適所に当てはまるように選手が育っていく近道となるのだ。

「人集めと人づくり」、それが強いチームづくりの基本である。

逆に選手の調子や結果によって、褒めたり、方針を変えたり、あるいはその選手の適材適所を見誤ったりすれば、育成は中途半端になる。プロ社会において、中途半端は選手を骨の髄まで腐らせてしまう。

潜在意識と顕在意識

シダックスが練習試合に行くと、練習中、相手チームの監督や選手にうちの選手やコーチがつかまって何やら質問されている光景をよく見かける。

戻ってきて「何を話していたんだ」と訊くと、たいてい「野村監督はどういうことを教えているのか」と訊かれているらしい。

やはり気になるのだろう。最近、谷沢健一（中日）がクラブチームの監督をやったり、鹿取義隆（巨人－西武）がコメディアンの萩本欽一さんが設立したクラブチームのコーチに就任したりと、プロ経験者がアマチュア選手を指導する機会が増えているが、それでもまれだ。

社会人選手のほとんどはプロに憧れ、将来はプロに行きたいと思っている。彼らが、「いったいプロ野球から来た人はどんなことをいっているのか？」「野村さんって何を教えているんだろう？」と疑問に思うのは当然である。

ただそういうときに、うちのコーチや選手はどう答えていいか困るらしい。何でもかんでも正直にあまりに細かい策や戦略まで話してしまい、企業秘密までもばらしてしまうのもおかしな話だし、かといってまったく何も教えないで隠すのもどうかと思うようだ。日本の野球振興という観点から見れば、プロの予備軍である社会人野球のレベルアップは不可欠であるし、実際に私自身、社会人野球の指導者講習会などで講演を頼まれると、喜んで私の野球観を披露させてもらっている。

そこで選手には「野村野球とは意識付けだ」と答えるようにいった。

意識は無意識（潜在意識）と有意識（顕在意識）とに分けられるが、9対1の割合で無意識が占めているという。だから脳はたった1割しか動いていないことになる。初めて専門家からそう聞いたとき、「そんなものかな」と疑問に思ったが、実際に振り返ってみれば確かにその程度かもしれない。

選手は本能的に来た球を打つ、あるいは打者が打ったら走者は次塁に走るなど、そういった無意識に取る行動で点を取ることも可能だ。

しかし0点に抑えるには意識が必要だ。一死満塁で内野ゴロの場合、ホームでひとつアウトを取るのか、二塁に投げて併殺を狙うのか。事前に頭に入れておかなければとっさに判断するのは難しい。

捕手の配球などはまさに意識の集まりだし、打撃も同じだ。カウント0－3。相手の投手が四球で歩かせたくない場面だとする。ストライクが来る確率は高い。それもストレートが来るという二重のバッティングチャンスだ。何もみすみす甘い球を見逃して、ストライクを献上することはない。打っていい0－3である。

ところが無意識で臨むと、難しい低めに手を出したり、ストレートでも高めのボール球に手を出して、凡フライを打ち上げるということがよくある。

そこで私は選手に、「バッティングチャンスだ。二段構えでいきなさい」と指導している。「ストレートのストライクだけ」、あるいはストレートを打ちにいくとどうしてもバットのヘッドが下がる、そういう選手には「ストレートにヘッドを立てて」と指示を送る。

またスライダーが来そうな場合だったら、「外に逃げるスライダー（ゴロゾーン）では、引っ掛けて内野ゴロになる。だから腰から曲がって来るスライダーのみ狙え」とか。

いずれも顕在意識が必要である。

ふだんは3割が、いい打者と普通の打者の境界線となっているが、こうした打撃チャンスでは最低でも80点以上（成功率8割）のバッティングをしなくてはならない。それができないのなら待つべきである。自信がないのに打ちにいく打者は、ヒットを欲しがる選手、自己中心的な性格の選手だ。そういった選手は往々にしてこうしたチャンスで打ち損じ、自軍に向いていた流れまでも敵に渡してしまう。

古田などは「0－3、打ってもいいぞ」とサインを出しても、ストライクに手を出さない。結局四球で歩き、その後チェンジになってベンチに帰ってきたとき「なぜ打たなかったんだ」と訊くと、「必ずヒットが出るとはかぎらないですから」という。もちろん「いける」というときには積極的に打って出るのだが、自重することも心得ていた。

こういった選手が何人かいると、チームは相手のピンチに一気呵成《かせい》に攻撃し、逆に自信がないのに無謀な行動でチャンスを逃して流れを変えるようなことが少なくなる。

実践においては意識付けを中心に、「備えあれば憂いなし」「準備の充実なくしていい結果は得られない」という準備重視（プロセス重視）が私の野球である。

8

人間学のない者に指導者の資格なし

士は己を知る者のために死す

南海時代もミーティングをやったが、今思えば幼稚なものだった。選手の思考を変えるなど大それた狙いなど頭の片隅にもなく、ただ目の前の試合に勝つためにはどうしたらいいかという、それはたいへん幼稚な戦術の確認だった。

それでも昭和48年には阪急をプレーオフで破り、V9最後の巨人と対戦した。アマ時代に有名な選手はいない。高給取りの選手もいない。だが、われわれは頭を使い、「他のパ・リーグのチームとはやっている野球が違うんだ」と当時は胸を張っていた。

しかし今思うと、当時の南海の選手は私にいわれたことをそのままやっていただけで、これがどういう意図でこういうことになるという説明はまったくわかっていなかった。

その責任は、もちろん当時の指導者である私にある。なにせ当時34歳。しかもプレーイングマネージャーだったから、たとえば打撃では1打席1打席一喜一憂し、結果が出なければ悩んでいた。まだまだ原理原則が何かという確固たるものさえもっておらず、選手に伝えるにも説得力を欠いていた。つまり原理原則、野球の基本というのを教える域にまだ私自身が達していなかった。

あとになってわかったことだが、監督と選手の要求とは常に相反するものである。

たとえば監督の要求とは、

①自主性をもってほしい（これがなくなるとチームは必ず滅びる）。

②何のための試合なのか、その目的、目標を明確にもってほしい。

③監督が何をしてほしがっているか知ってほしい。

④野球が仕事なのか、それとも勝つことが仕事なのか、自覚してほしい（もちろん後者が正解である）。

⑤ファンが何を要求し、何に感動するのか考えてもらいたい。

一方、選手側の要求とは、

①自分の能力を評価してほしい。

②自分に何を期待しているか教えてほしい。

③結果がだめだったとき、その過程を知ってほしい。

④ライバルに比べて自分の評価が低いのはなぜか教えてほしい。

⑤自分がいった意見に対し、よいか悪いか、悪いのであれば、何がどう不十分なのか教えてほしい。

監督がチーム優先で考えているのに対し、選手はあくまでも個人主義である。

ところが選手というのは、自分の存在価値を知ってくれる人がいれば、「この人のために死んでも構わない」と思えてしまうから不思議だ。「士は己を知る者のために死す」という言葉があるが、リーダーのためという思いから、「チーム優先」に変われるのである。

南海時代の私は、リーダーとしてもまだまだ未熟で、尊敬されるリーダーにはほど遠かったが、この南海時代に、今の私の監督としての原点があるのはいうまでもない。

江夏に学んだ愛情とは

江本、江夏、門田。いずれもプロ野球界ですばらしい実績を残した一流の選手であり、私が南海監督時代に活躍した選手である。

彼らには申し訳ないが、私は彼らのことを三悪人と呼んでいる。それほど個性が強く、野球がチームスポーツというのなら、彼らほどチームの足を引っ張る選手はいなかった。ただこの3人は野球選手としての能力に長けていた。彼らの意識、日常生活を含めた生活を正しい方向、つまりどうチームの方向に向けるか、それが監督であった私の最重要課題であり、チームが強くなることに直結することだった。当時の私は毎日そのことばかり考えていた。

昭和51年に江本とのトレードで獲得した江夏、彼は典型的な阪神の体質をもっていた。ファン、マスコミ、フロント、みんなに甘やかされる環境で育ったうえ、同じ大阪でも、阪神とは人気面では天と地ほど異なるチームにトレードされてきて、「なんでおれがこんなチームに」と思っているのがまわりにもはっきり見受けられた。

そういった胸中をふだんの態度であからさまに見せつける江夏を見て、やっぱりこの子は考え方が間違ってる、ならばしっかりした考え方をもたさないとと思ったものだ。考え方が変われば、この選手はプレースタイルはもちろん、人格まで変わるだろうと思った。

口でいうのは簡単だが、一筋縄ではいかない。まず彼の勘違いを自覚させる、そのために厳しいことをがんがんいったのだが、結果的にそれが彼が私に興味をもち、近づいてきた理由となった。彼曰く「いいにくいことをはっきりいう監督は初めてだ」ということだった。

阪神時代、監督はもちろん、コーチも先輩選手も、彼を褒めたりおだてたりすることはあっても、叱ったり直言したりする者はいなかった。

お山の大将で、肩で風切って偉そうに歩く。そういう人間にかぎって本音は寂しいものだ。彼のことを真剣に考えてくれるチームメートがいない。本当の仲間がいない。それで、私生活から何からどうしようもなく荒れていた。

あるとき、江夏の奥さんのお母さんが私に、「彼を管理してほしい」とまでいってきた。「監督と同じマンションを買うから」と。私は驚き、「なんでですか？」と訊くと、「家に帰ってこない。もう毎晩徹夜マージャンばかりだ」という。

彼は酒は飲まないのだが、毎日そんなだから生活も荒れていて、親からもらったすごい財産をもっていながら、自分で食いつぶしていた。

当時、私は豊中のマンションに住んでいたが、彼はそのマンションの隣の部屋を買った。それからはもう球場の行き帰りはもちろん一緒、帰ってきても何もすることがないものだから、私の部屋に来て夜中まで話をしていた。

接する時間が長いからいろいろ感じるものがある。あるときこんなことがあった。

二死満塁でフルカウント。そこで彼がとんでもないところに投げて、押し出しになった。結局その試合は負けたのだが、あれだけコントロールのいいピッチャーが考えられない球を投げたものだから、帰りの車中で「おまえ、八百長やってないか」と切り出した。

「今日のあの球はなんだ。おまえみたいにコントロールのいいやつが、あんなとんでもないところにストレート投げるか？　おまえ、黒い霧事件のときに名前が挙がったことがあるだろ？　正直にいえ。おまえのためにおれが監督を追いやられるなんて、たまったもんじゃない」

こうまくしたてた。彼は最初は冗談として受け流そうとしていたが、私のあまりの剣幕《けんまく》に真剣な表情で、「絶対にやってない。天地神明に誓ってやってない」と答えた。

だがそこで「ああ、そうか」と終わってしまっては何も変わらない。

「新聞、マスコミを含めて、おまえが変な投球をするたびに臭《くさ》い、臭いって思う人間がたくさんいる。そういった人たちから信用を取り戻すには、おまえが〝やってない〟って100万回いったって説得力はない。マウンドに登ったときにピッチングで示すしかないんだ」と説いた。「時間はかかってもそれしかないんだ」と。

彼は私の話を黙って聞いていた。そして、こういった。

「今まで何人かの監督に会ったけど、そういういいにくいことをはっきり面と向かっていわれたのは監督だけだ。今までの監督は上手しかいってこなかった」

それからである。彼が監督である私のいうことに真剣に耳を傾けるようになったのは。男が男に惚れたというか、監督としてというより、野球人としての私に敬意を表してくれるようになった。

それからは何かあれば私の部屋に来て、「今日のあの1球はなぜあそこでストレートなんだ」とか「なんであそこでカーブを要求したんだ」とか、質問攻めだった。

時には夜が明けるまで、夏などすぐに夜が明けてしまうが、それでも話は尽きなかった。

彼から学んだのは、この選手を力いっぱい育ててやりたい、立派な人間にしてやりたいと思ったとき、何も褒めたり優しく接することだけが愛情ではないということだ。直言をしてやったり、厳しく接したり、叱ったりということも立派な愛情である。

革命を起こせ

南海に来た江夏の転機は、ストッパーという、当時はまだ誰も口にしていなかった役目を確立したことだろう。そしてストッパーという役目に出合い、彼は野球人生を延ばした。

江夏は南海移籍1年目は5勝しかしていない。ボールを受けていても、もうかつての快速球なんて微塵《みじん》も感じることがなく、投球術でごまかしているだけだった。

あるとき、「おまえ、プロに入ってからでもいい、ピッチャーをやり始めてからでもいい、ボールより重いもんもったことあるのか？」と聞いたら「ない」と返ってきた。

江夏クラスになると荷物から何から全部裏方さんがもってくれ、「左手でもつのはマージャンのパイぐらいだなあ」と冗談を返された。

だからこういった。

「マージャンのパイなんてボールより軽いじゃないか。おれにだまされたと思って、いうとおりにやってみんか」と。それで腕立て伏せをやらせた。

当時のメッツのエース、トム・シーバーがひじを壊したとき、医者に行っても治らなかったのが腕立て伏せをやったらよくなったという記事が新聞に出ていた。だからといって、記事で読んだだけのことを無責任に押しつけたわけではない。実は私もその数年前にひじを痛め、その記事を信じて毎日腕立て伏せに取り組んだことがあった。そうしたら痛みが消えたという経験があったのだ。

ひじを痛めるときはだいたいひじの内側だ。外側は鍛える機会はあるのだが、内側となるとなかなか筋肉自体使うことがない。しかも当時は重たいものをもってはいけない、ウエイトトレーニングなんかもってのほかという時代だった。

私という教材がすでにあったため、それを話してからは江夏は必死に腕立て伏せをし始めた。阪神担当の記者が来て、「信じられない。どういうふうに江夏を説得したんですか」と驚くから、「説得なんかしてないよ。おれがやって治ったから、おまえもやってみんかといっただけだ」と話したのだが、みんな阪神時代のぐうたらな江夏を知っているから、何かいって江夏をいいくるめたんだろうと決めつけ、誰も私の説明を信じなかった。

南海に来て2年目の田辺キャンプ初日、キャッチボールをやっていると彼がすごい笑顔になった。「キャッチボールして痛くないのはもう何年かぶりだ」と。

しかし、今年の江夏は期待できるなと思ったその矢先、確かシーズン直前だったと思うが、トレーナーが来て、「江夏に先発完投は無理です」と報告してきた。どうやら血行障害が起きていて、50球程度全力投球したら、子供くらいの握力になってしまうということだった。

当時は、先発投手は先発しない日はリリーフをするような時代で、ストッパーなんて言葉もなく、中継ぎも抑えも一緒くたにされていた。当然セーブという記録もなかった。

ただ南海には佐藤道というリリーフ専門の投手がいて、私自身継投していって最後の最後を締めくくる専門の投手が必要だと認識していた。

そこで江夏にリリーフ転向を勧めた。

だが、そこからがひと苦労だった。「リリーフでやれ」というと、開口一番、「またおれに恥かかせる気か」という。「阪神からトレードされて、えらい恥かかされたのに」と。

トレードは決して恥なのではなく、お互いの戦力アップのためだったのだが、いくらそう説明しても納得しない。

「いや、恥だ。おれにとっては恥だ。おれは阪神の江夏だったんだ」という。

せっかく心を開きかけたのに、これではまた元に戻ってしまう。ただ当時は私もまだ若かったから、「おまえにしてはそうかもな。でもおまえ、南海をなめとんのか、こら。南海もプロじゃ」とだんだん怒りがこみあげてきて怒鳴ってしまった。

結局、その点は理解してくれたが、やはりリリーフは嫌だという。当時は「先発完投するのがピッチャーだ」という風潮があったから、彼が頑《かたく》なだったのも理解できないわけではない。だが、50球しか投げられない投手を先発させるわけにはいかない。

少し時間をあけて、今度はメジャーの話をもち出し「メジャーでは先発、中継ぎ、抑えというシステムができている。日本もじきにそうなる。これからはもうひとりで投げる時代は終わって分業制になる」と説明した。

会うたびに「リリーフせえ」「リリーフせえ」とあまりにうるさいものだから、そのうち私と顔を合わせなくなった。

ところがある日の練習のとき、外野の芝生の上にふたりで座って、「おまえ、リリーフの分野で革命を起こしてみんか」といったら、その言葉に何かピンと来たようだった。

「革命かあ」

「そう、革命じゃ」

その言葉が彼の心に響いたのだろう。

「わかった。じゃあやる」とようやく首を縦に振ってくれた。

人間教育ができて初めて育成といえる

江夏の交換要員として阪神にトレードに出したのが江本である。

江本に教わったのは人間教育の必要性だ。野球だけを指導していても、それだけでは選手を育てたとはいえないということを痛感させられた。

彼はなんといってもわがまま放題。ひねくれていて、私が右といったら左を向く。組織とはどういうものか、監督とは、選手とは、そういうことが何もわかっていなかった。

当時、長髪がものすごくはやっていて、長髪の選手もちょこちょこと出始めたのだが、江本の長髪はそのなかでも突出して長く、頭が髪の毛でパンパンに膨らんでいて、その上に帽子だけちょこんと乗っけているという感じだった。なんとも滑稽《こっけい》で、私から見たらとても野球選手には見えなかったのだが、そんなスタイルを彼はかっこいいと思ってやっていた。

たまたま地方のオープン戦で試合に出なかった私は、ダッグアウトのブルペン側に立ち、腕を組み壁にもたれながら試合を見ていた。するとファンの声が聞こえてきた。

「何、あの頭。不潔たらしい」「野球選手じゃないよな。芸能人だよ」

それで長髪禁止を決断した。ファンあってのプロ野球である。ファンが不快感をもつことはすべきではない。私だけでなく、他の多くの選手もかっこいいものではないと感じている。それに長髪に野球帽子をかぶるのはむさ苦しく、野球をするのに機能的とはいえない。

ただ「禁止だ、切ってこい」といっても「はい、わかりました」という選手ではない。実際、「切ってこい」といったらすぐに、「頭の毛と野球とどういう関係があるんだ」と、口をとがらせて突っかかってきた。

ここでいい合ってもらちがあかないと思った私は、評論家の草柳大蔵氏のもとに行って「どうして最近の若者は、女の子みたいに髪を長く伸ばすんですかね」と尋ねた。

草柳大蔵氏は私が師と仰いでいた人物である。物知りで、聞く話すべてが勉強になった。

私が質問すると「野村くん、頭の毛っていうのは毛細血管なんだよ」という。毛細血管の延長。だから毛には血が通っている。そこには人間の心理が表れている、と。

いみじくもつい先日、同じ答えが返ってきた。最近、野球選手、特にパ・リーグの選手に茶髪や無精ひげをはやす選手が多い。そこでテレビ局に頼んで、「心理学者に、茶髪、金髪にしたがる若者の心理を聞いてほしい」と頼んだことがあった。

その答えが「自己顕示欲」だった。生きていくなかで、あるいは野球において、人生において自信がない。だから世間に自分の存在感や価値観を認識してもらう方法を探す。それは人間の本能の根底にあるものである。結局、自信をもって目立てるものがないから、服装や髪の毛でごまかしてしまうというのだ。本人はそれで一時的に納得、安心するのだろう。

今思えば、草柳氏も同じことをいっていた。

草柳氏はさらに「男性で最初に長髪にしたのはレオナルド・ダ・ヴィンチだ」と教えてくれた。「モナリザの微笑、あれを描くにあたって、自分が一生懸命女性になろうというふうに努力したんだ」と。言葉は悪いがニューハーフの心理である。

そういう予備知識を得て、江本に体当たりした。

「おまえ、その長髪にこだわる以上は男性の長髪の歴史ぐらいは知っているんだろうな」と。そうしたら、次の日に髪を切ってきた。「これでいいですか」と。それでもまだ長かったので「いや、もうちょっと切れ」としつこくいった。

江本は南海に来る前年に東映にドラフト外で入団した。1年目の途中から一軍に上がり、ちょこちょこと投げてはいたが、勝ち星がなかった（0勝4敗）ように、決して目立った活躍はしていなかった。

その投手がなぜ私の目に留まり、トレードの交換要員として希望することになったのか。ひと言でいえば、彼には不思議なオーラのようなものを感じたのだ。「ああ、こいつは将来エースになれるな」と。

結縁、尊縁、随縁

元首相の中曽根氏が挨拶されるとき、よく使われる言葉に、「結縁、尊縁、随縁」がある。一期一会と同じような意味で、つまり人生というのは縁である、縁を結び、縁を尊び、縁に従うという意味だ。

当時、東映の監督だった田宮謙次郎さんから電話がかかってきて、「高橋博士を譲ってくれないか」と頼まれた。

高橋は捕手で、当時は正捕手が監督である私だったわけだから、なかなか出番がない。本人のためにも他のチームに出してあげたほうがいいかと思い、「高橋はうちでは私がいて試合に出られないですけど、よそにいけば必ず働きます。じゃあ考えましょう。うちはピッチャーが欲しいんです」といった。

田宮さんは宮崎昭二という中堅投手の名前を交換要員に挙げたのだが、当時の南海は先発不足で、実績がなくても若くて球が速く、馬力のある投手が必要だった。

そのとき江本という若い投手の姿が頭のなかでぱっと浮かんだ。東映も南海と同じでそれほど強くなかったから、現役バリバリのローテーションに入ってるような投手はくれるはずはない。しかし敗戦処理をしているような投手だったら可能性はある。

そのときは江本の名前は出さずに「まあ考えましょう」と電話を切ったのだが、2、3日したらまたかかってきた。そこで、

「おたくに体のでかい、腕の長いのがいましたな。ほら不器用そうなノーコンピッチャー」

「ああ、江本かな」

「ああ、そんな名前」

そうとぼけて「それに誰かひとりつけてくださいよ」と頼んでみたら、田宮さんはあっさり了解してくれた。

江本を見た最初の印象は、非常におしゃれだなということだった。

ファッションセンス、ファッション感覚、そういったものは野球に通じるものがあって、「この子は選手として大きくなりそうだな」と直感めいたものがあった。

たかがファッションと笑われるかもしれないが、ファッションもまた気配りであり、バランス感覚である。それは必ず野球につながる。長嶋を筆頭に、センスの好みという問題はあるが、昔から一流の野球選手はみなおしゃれだったものだ。

ただそれだけの理由だったが、移籍後の入団発表の席で私は16というエース級の背番号を渡した。「どうせおまえはエースになるんだから、先に背番号を渡しておく」と。

今振り返れば、彼が将来必ずや南海のエースになるという根拠は見当たらなかったが、ひと言でいってしまえば、彼とは縁があったことだろう。なにせ昭和48年のリーグ優勝、特にプレーオフは先発、リリーフとフル回転した彼の存在なしでは優勝はありえなかった。その前年が16勝13敗。そしてこの年が12勝14敗。彼も私との縁でもっていた素質を開花することができ、私も彼との縁でリーグ優勝を味わえたというわけだ。

ただ獲得した当初、私にとって大きな誤算だったのが、彼はこれでもかというぐらい監督のいうことに反発することだった。右といったら左、それぐらいはっきりしていた。しかも黙々と練習するわけでもない。

不真面目なのではなく、照れ屋だったように思う。一生懸命野球をやっている格好が恥ずかしい、そんな感覚だったと思う。不真面目な優等生といったところか。

そういった選手をどう操縦したらいいかと私自身、悩んだものだ。

その結論が先に記した人間教育の必要性だった。正しいことを説き、正しい方向に導く。

彼が私と出会ったことでどれほど人間的に成長したか。私のもとから阪神に移って、結局野球界を去ることになった暴言事件なども含めれば、決して江本という男の人格を私が変えたと胸を張ることはできないが、ただ後々彼が国会議員として活躍したことをみれば、少しは貢献したのかなと思う。

参議院に立候補すると聞いたときはとても信じられなかった。あまりに不似合いでイメージが湧かず、驚くより冗談だろうと笑ってしまったほどだった。それでも時間がたつにつれ、チャレンジ精神は見上げたものだと思うようになった。

議員になって、年齢のせいもあるかもしれないが言動も変わった。毒舌と呼ばれ、常識に反するようなことも堂々とやっていたが、髪の毛やひげにしても、常識的になり、人間的にも柔らかくなった。ある意味では江本らしさがなくなったといえるかもしれないが、「あぁ江本も成長したなあ」と感じるようになったのは、国会議員になったころだと感じている。

人間学のないリーダーに資格なし

門田という男も、私が右といったら左を向くような少々ひねくれた選手だった。

ただ江本の「右向け左」は照れからくるものだとすぐにわかったが、門田のはそうではない。もっと複雑な、彼のプロ野球選手になるまでの生い立ちや性格からくるものだった。

門田はものすごい頑張り屋だった。劣等感をバネにして、努力する。自分は体が小さい（実際、1メートル70センチあるかないかぐらい）からプロで活躍するには他の選手と同じ練習をしていては厳しい、そういった思いが根底にあった。

負けん気の強さはいい面にも出ていたが、体が小さいのにバットをブンブン振り回すというマイナス面にも表れていた。

テレビのインタビューで聞いたのだが、彼は「全部ホームランを狙う」といっていた。私は驚いた。今でこそ、中村が同じようなことをいっているが、当時の私には不可解な論理だった。「全部ホームラン狙いにいって、打ち損じがヒットになる」というのが彼の論理だ。私の考えはまさに正反対。「ヒットの延長がホームラン」だ。

あるとき本人を呼び、「おまえ、それは間違ってる」と諭した。ところが門田は「監督だって、バッターボックスに入ったら絶対にホームランを狙ってるはずだ」という。いくら「おれは狙っていない」と説明しても「絶対うそだ」と信じない。

そこで巨人とのオープン戦のとき、試合前、一塁側ベンチにバッティング練習を終えた王を呼んで、門田と3人で話をした。

「ワンちゃん、バッターボックスでホームランを狙ってるの？」と尋ねると、王は「狙ってませんよ」、そのあと間髪入れずに「えっ、ノムさんは狙ってるんですか」と訊いてきた。

「いや、その話をこいつにいうんだけど信じないんだよ」と説明すると、王は、「門田くんはいつもホームラン狙ってるの？　自分の能力、自分のもってるものを出し切って結果は神に委《ゆだ》ねる。その結果がホームランになったり、ヒットになったり、凡打だったり、バッティングとはそういうものだよ」と丁寧に説明してくれ、再び練習に戻っていった。

だが、それでも門田は目が覚めない。私が、「世界のホームラン王がいってるんだから」というと不満そうな顔をしている。すると「監督はずるい」といいだした。「王さんと口裏を合わせている」というのだ。

もうそのときは、こいつには何をいってもだめだ、「勝手にせえ」となってしまった。

彼は素直ではなかったが、いい結果を出したい、いい選手になりたいという方向性は間違っていなかった。そこでアドバイスするときは逆をいえばいいんだな、と悟った。

振り回すから「振り回すな」というとよけい振り回す。ならば「おまえ、今日は全然振り回さんやないか。もっと振らんかい」とかいうと、カーンと簡単にヒットを打つ。

あるときなどは「ヒットでいいんならいつでも打ちますよ。ヒットでいいんですか？」といわれ、「ああ、ええよ」というと本当に打った。それぐらい自信家というか、過信家だった。

いずれにしても、指導者がうまく操縦することで力を発揮するタイプで、チームには貢献してくれたが、こういったタイプは選手として一流になれても指導者にはなれない。

結果的に3人とも私と出会って以降ずいぶん長く現役生活を続け、一流選手としての地位を築いた。まあ、江本のように首脳陣と対立して、みずから現役を辞める道を選んだ者もいるが、それでもその後は野球評論家として現在でも球界に残っている。

そういう意味では出会いによって考え方が変わり、ある程度彼らの運命も変わったといえる。ただ考え方は変わっても、性格はなかなか変わらない。性格と人格を同じだという人もいるが、実際は異なるような気がする。人格はつくれるが、性格はつくれない。いかに3歳教育、家庭教育、親の教育が大事かということだ。

いま振り返ってみると、若かったプレーイングマネージャー時代に、この3人によって人心掌握術や操縦法、人づくりのリーダーとしての基礎を鍛えられたといっても過言ではない。

私の好きな言葉に「人間学のないリーダーに資格なし」というのがある。抜きん出た能力をもつ、あるいはいい指導者に会う。そういったことで選手として成長し、いい結果を残すことは可能だが、そうした選手が一流の指導者になれるかといえば、決してそうではない。

よく一流選手は一流の監督にはなれないといわれるが、選手として一流だったから指導者になれないということはありえない。その選手が技術的には一流でも、一流の人間ではなかった、だからリーダーとしてはそぐわない、そういうことなのである。

終章

昨今、野球界はたいへん危険な状態に陥っている。

平成16年のオリックスと近鉄の合併問題に代表されるように各球団の経営が厳しさを増し、親会社が球団の損失を補填《ほてん》できなくなっている。また野球人気の低下が叫ばれるように、巨人戦のテレビ視聴率が10%を割り、野球はもはや国民の娯楽というに値しない存在に落ちぶれつつある。

これらはすべて巨人中心主義の弊害であり、巨人戦のテレビ放映権による巨額の利益など、巨人におんぶに抱っこのままできた球界の体質に問題がある。

50年ぶりの新規参入球団として楽天を迎え、ようやく12球団を維持。平成17年からは交流戦がスタートしたが、その交流戦でさえ人気回復の打開策になっているか疑問である。さらに球界は、パ・リーグに続きセ・リーグもまたプレーオフ制を導入しようとするなど、小手先の改革に走っている。万が一、日本シリーズが勝率5割以下の3位同士の対戦になってもファンは支持するだろうか。2位や3位でもプレーオフに出場できるのなら、過去に何度かあった130試合目まで優勝の行方がわからない白熱したペナントレースという興奮は失われてしまうだろう。日本のプロ野球が長きにわたって築きあげてきた日本シリーズの歴史、重みまで無意味にしてしまう。そのときになって、やっぱり昔の制度のほうがよかったといっても取り返しはつかない。

野球人気の低下にはさまざまな原因が挙げられるが、私は野球というスポーツの特性が誤って広まっていることも人気低下の一因となっている気がしてならない。

野球は〝間〟のスポーツであり、1球1球、アウトカウントやボールカウント、走者の状況など、その場面場面に生じる投手（捕手）、打者の心理の絡み合いが野球の妙であり、それを背景に数々のドラマを生んできたと考える。

ところが最近のテレビ中継、新聞報道にはこうした〝野球の妙〟が欠落している。

解説者はただ選手を褒めちぎり、結果論だけで選手を評価する。人を評論する、すなわち人物の良否を判断するには基準や根拠が必要だが、最近の評論を聞いていると基準も根拠も見当たらない。いわば結果について自分の感想をいうだけ。場当たり的な解説を聞かされていては、視聴者も野球を見ていて学ぶものは何もない。ただうるさいだけで、当然のように視聴率は下がる。

前述したように、私は打者のタイプをA、B、C、Dの4タイプに分類したが、なぜ打者の細かい分析が必要かといえば、選手を褒めたり批判するには、やはりその選手の性格を知り、それが場面によってどう変化したか（またはしなかったか）を知るべきではないかと考えたからだ。その他、ヤクルトや阪神の選手に伝えた『ノムラの考へ』なるものの大半は平成2年、ヤクルトの監督になる前の評論家時代に考え出したものである。

その当時はあくまでも評論家として生きるために、野球の本質を探り、選手の心理や戦術の原理原則を探求し、時には野球そのものを思想化したり哲学化する作業を行ってきた。結果的にそのときに得た理論がのちのヤクルト、阪神での12年間の監督生活に活きた。

野球人気の低下が叫ばれる今、私自身ももう一度原点に返って、野球というスポーツを見直し、チーム強化や試合に勝つ戦術、さらには選手の育成までを整理してみたいと考え、この本の執筆にいたった。

読者のみなさまが「間のスポーツ」すなわち「心理のスポーツ」であるという野球の本質をこの本を読むことで改めて実感することで、野球を好きになってくれたら、あるいはもっと好きになってくれたとしたら、野球界に長く携わった者としてこれ以上の幸せはない。

各打者のバッティングゾーン

るよう指示した。図のアミかけ部分は、多くの打者に共通するもの。（本文P.81、180参照）

キャッチャーから見た左右

野村監督はスコアラーに、9×9＝81マスのゾーンに分けて、打者の得意、苦手コースを分

野村克也　選手成績

【通算打撃成績】

●3017試合(歴代1位)●10472打数●2901安打(2位)●397二塁打●23三塁打
●657本塁打(2位)●1509得点(4位)●5315塁打(2位)●1988打点(2位)●117盗塁
●113犠飛(1位)●1252四球(6位)●122死球(6位)●1478三振(6位)
●打率.277●出塁率.357●長打率.508
三冠王1回、首位打者1回、本塁打王9回、打点王7回

【年度別打撃成績】

年度	所属	試合	打数-安打	本塁打	打点	四球	死球	三振	打率
昭和29(1954)	南　海	9	11 - 0	0	0	0	0	5	.000
昭和30(1955)	南　海	一軍記録なし							
昭和31(1956)	南　海	129	357 - 90	7	54	36	1	66	.252
昭和32(1957)	南　海	132	474 - 143	**30**	94	57	9	87	.302
昭和33(1958)	南　海	120	451 - 114	21	79	45	8	94	.253
昭和34(1959)	南　海	132	472 - 124	21	78	45	3	98	.263
昭和35(1960)	南　海	124	430 - 125	29	88	41	4	77	.291
昭和36(1961)	南　海	136	494 - 146	**29**	89	54	5	71	.296
昭和37(1962)	南　海	133	489 - 151	**44**	**104**	70	4	101	.309
昭和38(1963)	南　海	150	550 - 160	**52**	**135**	84	4	112	.291
昭和39(1964)	南　海	148	558 - 146	**41**	**115**	71	5	50	.262
昭和40(1965)	南　海	136	488 - 156	**42**	**110**	60	6	57	**.320**
昭和41(1966)	南　海	133	474 - 148	**34**	**97**	71	7	79	.312
昭和42(1967)	南　海	133	472 - 144	**35**	**100**	68	6	53	.305
昭和43(1968)	南　海	133	458 - 119	**38**	99	103	3	65	.260
昭和44(1969)	南　海	106	388 - 95	22	52	39	4	51	.245
昭和45(1970)	南　海*	130	481 - 142	42	114	66	6	47	.295
昭和46(1971)	南　海*	127	467 - 131	29	83	56	7	43	.281
昭和47(1972)	南　海*	129	473 - 138	35	**101**	46	11	38	.292
昭和48(1973)	南　海*	129	475 - 147	28	96	51	3	48	.309
昭和49(1974)	南　海*	83	265 - 56	12	45	38	2	30	.211
昭和50(1975)	南　海*	129	473 - 126	28	92	58	7	49	.266
昭和51(1976)	南　海*	119	429 - 117	10	57	29	5	50	.273
昭和52(1977)	南　海*	127	447 - 95	16	58	33	5	41	.213
昭和53(1978)	ロッテ	64	133 - 30	3	12	10	1	15	.226
昭和54(1979)	西　武	74	194 - 43	5	22	14	4	34	.222
昭和55(1980)	西　武	52	69 - 15	4	14	7	2	17	.217

※太字はタイトル、＊は監督兼任

野村克也　監督成績

年度	所属	試合	勝	負	分	勝率	チーム打率	チーム防御率	得点	失点	順位	
昭和45(1970)	南　海	130	69	57	4	.548	.255	3.43	589	510	2位	
昭和46(1971)	〃	130	61	65	4	.484	.260	4.27	614	612	4位	
昭和47(1972)	〃	130	65	61	4	.516	.253	3.48	512	511	3位	
昭和48(1973)	〃	130	68	58	4	.540	.260	3.35	508	493	優勝	
昭和49(1974)	〃	130	59	55	16	.518	.246	3.06	504	460	3位	
昭和50(1975)	〃	130	57	65	8	.467	.246	2.98	524	478	5位	
昭和51(1976)	〃	130	71	56	3	.559	.259	2.91	489	431	2位	
昭和52(1977)	〃	130	63	55	12	.534	.250	3.15	502	471	2位	
※昭和45〜52は選手兼監督　昭和48〜52年は前・後期制												
平成2(1990)	ヤクルト	130	58	72	0	.446	.257	4.24	529	609	5位	
平成3(1991)	〃	132	67	63	2	.515	.259	3.93	544	551	3位	
平成4(1992)	〃	131	69	61	1	.531	.261	3.79	599	566	優勝	
平成5(1993)	〃	132	80	50	2	.615	.263	3.20	622	475	優勝	☆
平成6(1994)	〃	130	62	68	0	.477	.250	4.05	486	585	4位	
平成7(1995)	〃	130	82	48	0	.631	.261	3.60	601	495	優勝	☆
平成8(1996)	〃	130	61	69	0	.469	.264	4.00	536	560	4位	
平成9(1997)	〃	137	83	52	2	.615	.276	3.26	672	503	優勝	☆
平成10(1998)	〃	135	66	69	0	.489	.253	3.69	493	548	4位	
平成11(1999)	阪　神	135	55	80	0	.407	.259	4.04	490	585	6位	
平成12(2000)	〃	136	57	78	1	.422	.244	3.90	473	591	6位	
平成13(2001)	〃	140	57	80	3	.416	.243	3.75	467	598	6位	

☆は日本シリーズ優勝

【野村克也プロフィール】

昭和10(1935)年6月29日、京都府に生まれる。京都府立峰山高校からテスト生として昭和29(54)年に南海ホークスに入団。3年目から正捕手に定着。昭和40(65)年に戦後初めての三冠王に輝く。昭和45(70)年より選手兼監督。昭和53(78)年よりロッテに移籍して一選手に戻り、「生涯一捕手」を宣言。昭和55(80)年のシーズンを最後に引退、解説者となる。9年間解説者を務めたあと、平成2(90)年よりヤクルトスワローズの監督として現場復帰。弱小球団を平成5、7、9(93、95、97)年と3度日本一へと導いた。平成10(98)年ヤクルト退団とともに阪神タイガースの監督に就任。平成14(02)年より社会人野球のシダックスの監督となった。

野村ノート
2005年10月20日　初版第一刷発行
2008年 5 月19日　初版第十五刷発行

著　者　野村克也

発行者　秋山修一郎
発行所　株式会社 小学館
〒101-8001 東京都千代田区一ツ橋 2-3-1
電話［編集］03-3230-5585
［販売］03-5281-3555

DTP　株式会社 昭和ブライト
印刷所　大日本印刷株式会社
製本所　牧製本印刷株式会社

 ISBN4-09-387604-5